COLUCHE
à cœur et à cris

Aldo
Jean-Mi
Ludo

Coluche

à cœur et à cris

Édition° 1

De gauche à droite : Aldo, Jean-Mi, Ludo.

LES AUTEURS

JEAN-MICHEL VAGUELSY

Jean-Mi pour les potes. Des trois, il est le premier à avoir connu Coluche, vers la fin des années 60. Une amitié de longue date, mais aussi une association : Jean-Mi a été tour à tour éclairagiste de Coluche, chauffeur, régisseur, secrétaire et « bureau politique ambulant »... Une licence en histoire géo n'est sans doute pas étrangère à cette dernière fonction !

LUDOVIC PARIS

Dit « le beau Ludo ». Coiffeur de plateau, il a tourné plus de soixante films, dont tous ceux de Coluche. Dans son roman autobiographique, Polanski dit de lui qu'il est « l'un des meilleurs professionnels français ». Quant à Coluche, depuis *Vous n'aurez pas l'Alsace et la Lorraine*, où ils se sont connus, il n'a jamais voulu s'en séparer. Homme de confiance, organisateur des loisirs de Coluche, Ludo a été de tous les voyages.

ALDO MARTINEZ

Bassiste des Chaussettes Noires (il a été le premier que Coluche a connu dans les années 60), puis agent d'Eddy Mitchell, Dick Rivers, Jacques Dutronc, *Il était une fois*. Aldo a suivi la carrière de Coluche en tant qu'adjoint de Paul Lederman, avant de devenir « l'homme des blagues ».

Cent cinquante histoires drôles par jour, c'est sa moyenne ; les jeux de mots, sa grande spécialité. Chauffeur-secrétaire, dragueur, blagueur et ancienne idole : tous les critères pour devenir un inséparable de Coluche...

PIERRE MELVINE
Journaliste, producteur de cinéma et auteur de romans, dont *Le Désert des soldats perdus*, Pierre Melvine s'est joint à Aldo, Jean-Mi et Ludo pour « mettre en forme » les centaines d'anecdotes qu'ils avaient à lui raconter.

AVANT-PROPOS

COLUCHE était notre pote !

Nous ne prétendons pas, dans ce livre, décrire Coluche de façon exhaustive. La richesse de sa personnalité va forcément au-delà du message qu'il a laissé à trois de ses meilleurs amis. Toutefois, chacun d'entre nous a pu, dans son propre domaine, établir avec lui une relation spécifique et privilégiée. Ce que nous aimerions transmettre ici, c'est cette part de vie, de rires, de réflexions, qu'il a partagée complètement avec nous.

Nous ne prétendons pas davantage penser à sa place, interpréter ce que nous avons vu et entendu, plaquer des analyses et fournir des explications là où Michel lui-même s'est constamment gardé de théoriser. Libre à d'autres de décrypter le phénomène Coluche. Nous espérons fournir d'utiles matériaux à leur cogitation...

Ce que nous avons voulu, nous qui avons respiré avec lui les nuits les plus délirantes, les instants les plus exaltants, les plus grands coups de cœur, les meilleurs moments de tendresse et d'amitié, c'est le restituer au quotidien tel que nous l'avons aimé.

Sans rien dissimuler des moments difficiles, des angoisses du début, quand lui-même dut parfois se montrer dur pour devenir enfin Coluche. Complètement.

Au moment où nous écrivons ces lignes, Michel, non seulement le chef, mais l'âme de notre bande, est toujours là. Chacun d'entre nous, à sa façon, lui doit ce qu'il est aujourd'hui.

Jean-Mi, Ludo, Aldo.

PREMIÈRE PARTIE

LE SEPTENNAT

MES ADIEUX AU MUSIC-HALL

« La lumière n'existe que par rapport au noir et le noir n'existe que par rapport à la lumière. Quand je dis noir, c'est noir ! »

Le ton monte, Michel s'énerve. Il traverse la salle à grandes enjambées, s'approche de l'issue de secours, tend le doigt vers la veilleuse de sécurité et, toujours de mauvais poil, reprend :

« Avec ça, comment veux-tu que j'aie le noir ? »

Il retourne sur scène, ramasse un costume posé sur une chaise.

« Et quand je me change, alors, je fais ça dans le gris ? Tu vas me coller des gélatines sur les sorties de secours et tu vas me foutre des scotchs fluos par terre pour que je me repère. Et les fils ? Ils n'ont pas encore été peignés ? »

René, le régisseur, et Jean-Mi qui travaillent à la poursuite se regardent, consternés. Ce scénario, ils le connaissent par cœur. Michel a ses lubies. Tout doit être bien et « bien », pour lui, veut dire « que chacun dans son rôle fasse ce qu'il doit faire complètement ». Il gueule encore une fois :

« Quand je demande le noir, je sais ce que je dis !

Je veux que, lumières éteintes, on y voie autant que dans un trou du cul ! »

C'est l'époque des tournées, des nuits passées sur la route, des déchargements hâtifs et des installations sommaires dans des théâtres inconnus. Pourtant, Michel ne veut rien laisser au hasard. Son humeur ne se stabilise qu'après le lever du rideau, s'améliore pendant le premier sketch, vire au beau fixe à la fin de la représentation... à condition que tout se soit bien passé !

Dur de travailler pour lui ! Il semble, comme par plaisir, tout entreprendre pour se montrer sous son plus mauvais jour. Comment, en effet, supporter un « débutant », qui arrive à deux heures de l'après-midi pour superviser les préparatifs, régler les projecteurs, mettre son nez dans la sono, surveiller les machinistes, quand la plupart des stars se présentent à peine une heure avant le lever du rideau ? Les techniciens ne comprennent pas toujours son attitude et s'indignent de le voir marcher sur leurs plates-bandes. Ce que le public qui ne connaît que le comique ignore c'est que Coluche est un perfectionniste hyper-exigeant, à l'affût du progrès technique et constamment préoccupé des conditions de travail pour lui et pour l'équipe qui l'entoure. Ainsi, il sera un des premiers artistes en France à utiliser un micro H.F., c'est-à-dire sans fil, qui lui autorise, sur scène, une complète liberté de mouvement. Il se fait faire un projecteur de poursuite sur mesure. A l'époque, Coluche n'est pas encore riche et ces outils sont coûteux. Mais toute sa vie, il aura cette passion des nouvelles techniques dont, pour lui, tout le monde devrait pouvoir profiter. Quiconque travaille pour son spectacle doit pouvoir bénéficier du meilleur et jusque dans les moindres détails. Pour que le son soit bon, la console doit se trouver à environ dix mètres de la scène. Michel la fait placer au cinquième rang, où elle occupe dix places de spectateurs, les plus chères. Imaginez la tête du directeur de la salle ! Des impondérables, dans un spectacle, il y en a forcément. Tout ce qui peut, par contre, être prévu, ne doit pas être abandonné au hasard.

Mais Michel Colucci s'appelle aussi Coluche.

Son sens de la dérision est inné et il sait déjà reproduire sur scène ses déboires des coulisses pour faire rire le public... De ses altercations autour du « noir » qu'il a tant de mal à obtenir naît bien sûr un sketch auquel il fait participer son éclairagiste :

« Il était dans une misère... noire ! »

La lumière se coupe.

« Mais non, je n'ai pas dit "noir" pour toi. C'est dans mon texte... Excusez-le, c'est un jeune, il débute... »

Le sketch se poursuit sur le même thème, sous forme de défoulement. Ce qui ne l'empêchera pas, dès le lendemain, de se montrer tout aussi intransigeant.

Sans se soucier des commentaires, Michel passe ses après-midi, non seulement à répéter avec ses musiciens, mais aussi à installer toute la partie technique. La tension est parfois insoutenable. Tout le monde a peur de ses colères. Il est capable de « virer » pour une connerie... enfin pour quelques-unes. Et puis, soudain calmé, il s'explique :

« Tu crois que je suis méchant ? Tu te goures. Pourquoi je gueule comme ça ? A la première connerie, je dis rien. Je laisse le mec comprendre tout seul ; la deuxième fois je lui explique. Je lui laisse toujours trois chances. La quatrième fois, s'il n'a pas compris, c'est grave ! Si je me donne cette apparence, c'est parce qu'il me faut des mecs solides autour de moi. Le travail qu'ils font, c'est autant pour eux que pour moi. Le jour où toute mon équipe aura compris ça, je pourrai me détendre et arrêter de vous faire chier ! »

Difficile à faire admettre. Mais Coluche compte bien y parvenir. Et il y parviendra. En trois ou quatre années de tournées, de représentations, les quelques « survivants » qui finiront par constituer son noyau de travail seront tellement rodés à son perfectionnisme qu'il estimera enfin pouvoir se reposer sur eux et se consacrer essentiellement à la création de nouveaux gags et se passionner pour de nouvelles activités.

En attendant, Michel travaille douze à quinze heures par jour contre une moyenne de quatre heures pour la plupart des vedettes qui l'entourent.

Mais qui pourrait comprendre la difficulté de ses prestations sur scène ? A le voir se produire, tout paraît tellement facile ! Il ne fait état ni de ses problèmes personnels, ni de ses propres appréhensions, ni de sa fatigue. L'œil aux aguets, il se concentre, convaincu — non sans raison — qu'une faute de lumière ou de sono pourrait gâcher tous ses effets. Les cinq minutes précédant sa montée sur scène sont les seuls instants où Michel laisse percer sa fragilité. Il a alors besoin de sentir l'un de ses potes à proximité. De préférence dans les pendrillons où il peut, d'un coup d'œil à l'instant crucial du lever de rideau, se rassurer en découvrant un regard amical et encourageant.

Plus que tout autre, Michel vit mal ces minutes-là. Le public piaffe d'impatience, beaucoup sont prêts à le démolir s'il ne parvient pas à les faire rire et il sait que personne ne lui fera de cadeau. Un comique n'a pas le droit de se tromper ! De tout petits détails lui deviennent alors insupportables. La vue d'un uniforme, par exemple :

« Qu'est-ce qu'il fout là, ce mec ?

— Moi ? Je suis le pompier. J'assure la sécurité.

— Si tu ne te tires pas tout de suite, il va falloir que tu appelles un copain pour assurer la tienne de sécurité ! »

La présence d'oisifs dans les coulisses lui est tout aussi intolérable. Chaque fois qu'il arrive dans une ville pour un gala, il s'empresse de distribuer une vingtaine de places aux machinistes qui ne travaillent pas pour lui ce soir-là.

« Tenez, vous serez mieux dans la salle pour assister au spectacle. »

Initiative qui part d'un bon sentiment. Michel ne comprend pas qu'on assiste debout à son show. Et, plus encore, il part du principe que toute personne inutile peut gêner les autres, souvent d'ailleurs avec les meilleures intentions !

« Ne nous aide pas, vieux. On n'a pas le temps ! »

Mais les machinistes ne l'entendent pas ainsi et, la plupart du temps, furieux et vexés, lui rendent ses billets. Comme s'ils allaient, eux, des professionnels, se mêler au public de leur propre théâtre !

Attitude qui multiplie les incidents, allant parfois jusqu'à déclencher une grève générale. A Lausanne, par exemple, les techniciens refusèrent purement et simplement de recharger le matériel !

Plus d'une fois le spectacle sera sauvé in extremis...

Mais lorsque enfin le rideau s'ouvre, c'est le feu d'artifice !

Pour ses sketches, Michel applique une théorie

qui semble évidente et qui est pourtant tout à fait nouvelle dans le monde encore empoussiéré des « fantaisistes » :

« Un gag toutes les quatre secondes, c'est une chute. Toutes les huit secondes, c'est un effet, toutes les douze secondes... c'est un bide ! »

Chaque soir, le spectacle est différent, même pour son équipe qui connaît ses sketches par cœur. Spontanément, selon l'humeur, il les modifie régulièrement de 10 à 15 p. 100 ; il improvise, trouve de nouveaux jeux de mots, un nouveau ton agressif, fait participer le public, le heurte, le viole pour mieux le « gauler » selon son expression favorite. Et, s'il lui arrive exceptionnellement de ne pas changer une virgule à son spectacle, il achève deux heures de scène en s'exclamant :

« Putain, aujourd'hui j'ai rien branlé ! Pendant "la publicité" j'ai fait mes comptes. »

Établir l'historique précis de la carrière de Michel n'est pas le propos de ce livre. Les journaux, d'autres ouvrages l'ont fait depuis bien longtemps. Mais un personnage public a toujours au moins deux facettes : l'image qu'il donne de lui, étroitement liée à sa vie professionnelle, et la part de lui-même qu'il réserve à son entourage privilégié. L'extraordinaire richesse de la personnalité de Michel lui permettait d'assumer l'une et l'autre avec autant d'ardeur et de générosité, tout en se réservant quelques jardins secrets, dont même ses amis les plus intimes s'interdisaient l'accès. Entre les faits déjà connus et la part la plus secrète de ses passions (sa femme, ses enfants, sa mère...) se situe une sorte d'épopée, une aventure vécue intensément, à laquelle

Théâtre du Gymnase 1981.
La légendaire salopette à rayures,
ou comment outrer la banalité pour la tourner en dérision.

seuls quelques « potes » ont participé et qui est la trame de ce récit.

Ses tout débuts, Michel les exerce dans un cabaret de la rue des Bernardins : Chez Bernadette.

Il fait la plonge et, très exceptionnellement, est autorisé à se produire sur scène. Son nom de scène, Coluche, c'est à Bernadette qu'il le doit.

Il est vrai que cela fait toujours moins sérieux que Michel Colucci...

Mais ses apparitions entre deux vaisselles le laissent sur sa soif, car Michel ne rêve que de scène. Pour se défouler et glaner quelques thunes supplémentaires, il participe aux tournées de son ami de toujours, Alain Pellet, et de sa femme, Esther. Des tournées qui ont pour cadre la rue et les couloirs du métro, où les cachets se gagnent la main tendue... Michel s'en fiche. Il apprend son métier « à la méthode ancienne », place de la Contrescarpe, accompagne les chansons de ses deux amis (Esther compose, Alain écrit les paroles), et pousse lui-même la chansonnette sur des textes d'Aristide Bruant.

Michel fait ainsi la manche pendant plus d'un an. L'expérience le réjouit. Difficile de se trouver plus proche du public ! Et, lorsqu'en 1969, Romain Bouteille crée le Café de la Gare, sa formation lui permet tout naturellement de trouver une place dans la troupe du café-théâtre.

Le Café de la Gare est un vrai bouillon de culture. Pendant deux ans, Michel y fait ses premières armes de comédien, entouré de Miou-Miou, Sotha, Bouteille, Dewaere... Puis il rompra pour voler ailleurs de ses propres ailes.

Cet ailleurs se trouve... très exactement au même endroit. Car le Café de la Gare déménage et Michel reste ! Le 18, rue d'Odessa devient le Vrai Chic parisien.

Enfin, Coluche est meneur de troupe. Il peut s'en donner à cœur joie et crée aussitôt toute une série de sketches, de pièces à sa manière : *Introduction à l'esthétique fondamentale* et autres parodies bourrées de gags...

C'est alors qu'il fait la connaissance d'un jeune producteur américain, Mike Pochna. Mike est instantanément convaincu du talent de Michel et accepte de financer la rédaction d'un script.

Michel s'enferme une semaine à la campagne avec des potes et en huit jours, volets clos, le synopsis est terminé. L'ayant lu, Mike est emballé. Mais les exigences de Coluche dans d'autres domaines sont telles que Mike, conscient que sa disponibilité à ce moment-là (il est publiciste) n'est pas suffisante face à un phénomène tel que Coluche, lui présente alors un de ses amis d'enfance, Claude Martinez, associé à Paul Lederman.

Cette année-là, les événements se précipitent. Lederman, tout à la fois séduit par Coluche et poussé par Claude Martinez, accepte de remonter au Théâtre La Bruyère l'une des pièces du Vrai Chic parisien : *Thérèse est triste parce qu'elle rit quand on la baise* devient : *Thérèse est triste.*

Dès la première semaine de représentations, c'est un bide noir ! Les spectateurs ne sont pas encore prêts pour une telle agression, un tel déferlement d'humour grinçant et de propos crus...

Retour au Vrai Chic parisien, où Coluche crée un nouveau spectacle : *Ginette Lacaze*.

Ginette Lacaze est une comédie musicale complètement loufoque, reprenant les grands mythes des années 60 : le rock, l'Algérie, les imprésarios bidons avec, en prime, un instituteur, un chef scout et un curé satyre !

Toute la génération de Michel ne peut que se délecter d'une telle parodie, et des apparitions de Coluche dans le rôle de Bobby Bouillon, vedette rock avec tout son attirail. En 1972, Dick Rivers à la recherche d'un complément de programme pour son spectacle, est soufflé par *Ginette Lacaze* dont l'atmosphère, « rock and rire » a tout pour le séduire ; l'ancien chanteur des Chats Sauvages propose aussitôt à Coluche de monter en première partie de son propre spectacle à l'Olympia. Pour la petite histoire, l'agent de Dick, à cette époque, s'appelle Aldo Martinez.

L'Olympia donne à Michel et à la troupe du Vrai Chic parisien la chance de faire leurs premiers pas dans le monde officiel du music-hall. Ce qui n'empêche pas Michel d'offrir immédiatement un échantillon de son caractère et de son intransigeance. A peine met-il le pied dans le temple de Coquatrix qu'il s'écrie devant Jean-Michel Boris, directeur de l'Olympia :

« Qu'est-ce que c'est que cette boîte merdique ! Le plus grand music-hall d'Europe ? Les lumières sont à chier ! Je ne demande pas le bout du monde, mais si vous voulez un bon spectacle, donnez-moi au moins les moyens de le faire ! »

Jean-Michel Boris, tout d'abord surpris, le laisse faire. Michel a raison ! Il connaît son *Ginette Lacaze* par cœur. Il sait à quel moment doivent être ménagés les effets, à quel instant l'éclairage doit le cerner ou l'ignorer... En précurseur, il a adopté, pour ses sketches, le principe de la pub moderne : faire passer le plus de choses possibles en un minimum de temps. Procédé qui exige une concentration extrême. Or, en ce début des années 70, même les plus grands professionnels ne sont pas habitués à cette forme d'expression. Il lui faut donc s'appuyer sur son équipe, sa « famille » comme il l'appelle, qu'il a formée à ce rythme et à cet esprit ; dans le boulot, il doit lutter contre sa nature. Seule sa « famille » peut le réconforter, car les autres, fussent-ils les meilleurs professionnels du monde depuis vingt ans, ne sont pas rodés à ses méthodes. Michel sent le vent le porter, ce n'est pas le moment de perdre le contrôle...

A l'Olympia, *Ginette Lacaze* remporte un énorme succès. Les critiques pleuvent ; le public adore. La première partie du spectacle de Dick Rivers finit par drainer autant de monde que la vedette lui-même.

Il faudra attendre 1974 pour que Coluche connaisse, sur l'impulsion de Paul Lederman et de Claude Martinez, le véritable coup d'envoi de ce qu'on appellera « son septennat au music-hall ». Car, curieusement, la première apparition télévisée de Coluche se déroule pendant les élections présidentielles, juste avant la déclaration de Mitterrand. Coluche, devant des millions de téléspectateurs, lance son sketch : *C'est l'histoire d'un mec*.

Quelques mois plus tard, Paul Lederman fait l'acquisition d'un restaurant, le Jour et Nuit, qu'il transforme en café-concert : le Caf'conc'. Coluche est engagé pour l'animer. Il baptise son premier spectacle : *Mes adieux au music-hall*. Dans toutes

Avec Mike Pochna, le producteur
qui lui avait commandé en 1971 son premier scénario,
Rendez-vous au tas de sable.

MINISTÈRE DES AFFAIRES CULTURELLES

CENTRE NATIONAL
DE LA
CINÉMATOGRAPHIE

DIRECTION GÉNÉRALE
12, RUE DE LUBECK (16e)
TÉL. : 553-92-01 - 93-40

PARIS, LE - 4 MAI 1972

Monsieur COLUCHE
c/o L.N.P.Production
41, rue Boissy d'Anglas
75 - PARIS 8°

3624

Film : "RENDEZ-VOUS AU TAS DE SABLE "
avance sur recettes - consultation préalable

Monsieur,

Vous avez sollicité une consultation préalable de la commission compétente en matière d'avances sur recettes au sujet d'un projet de film de long métrage intitulé " RENDEZ-VOUS AU TAS DE SABLE ", dont vous êtes l'auteur et dont la réalisation devrait être assurée par Pierre Grunstein.

J'ai le regret de vous informer qu'après avoir pris connaissance du document que vous m'avez demandé de lui soumettre la commission a, lors de sa réunion du 28 avril 1972, estimé qu'elle ne pouvait retenir le principe d'une décision favorable à l'octroi de l'avance sur recettes que vous souhaitiez obtenir pour contribuer à la mise en oeuvre de votre projet.

Je vous prie de croire, Monsieur, à l'assurance de mes meilleurs sentiments.

LE DIRECTEUR GÉNÉRAL ADJOINT

CENTRE NATIONAL DE LA CINÉMATOGRAPHIE

Réponse négative du Centre national de la cinématographie...

les rues de Paris apparaît alors un visage qui commence à devenir familier. Martinez et Lederman n'ont pas hésité à lancer Coluche et le Caf'conc' par une campagne d'affichage démesurée et, chaque soir, Michel se produit devant près de trois cents personnes. Moins de sept ans plus tard, en dix-huit mois de représentations, il atteindra le record de six cent mille spectateurs au théâtre du Gymnase ! Il est cité dans le livre des Records 1981 !

Janvier 1975. Coluche et sa troupe débarquent au Colisée, au Havre, rue de Strasbourg, et attaquent la première ville de leur première tournée.

Le Colisée est un vieux cinéma de quartier dont la dernière séance avant la transformation en complexe multisalle semble être toute proche. Plus de mille fauteuils en bois recouverts de velours font face à une large scène derrière laquelle est tendu un écran poussiéreux protégé par de lourds rideaux.

Coluche, accompagné des musiciens, arrive le premier dans la Volvo qu'il vient d'acheter. Une heure plus tard apparaît une vieille camionnette Bedford chargée de matériel avec, à son bord, Alain Pellet, Doudou et Jean-Mi. L'équipe est complétée par Xavier Thibault, le chef d'orchestre, et Coco, l'habilleuse.

Les affiches annonçant le gala sont placardées dans toute la ville. Michel brûle d'impatience. Il n'a connu, jusque-là, que le public parisien. Il parcourt la salle de long en large, s'assied dans les rangées de fauteuils, remonte sur scène, pousse quelques gueulantes pour ne pas dépayser son monde.

Ce soir-là, la salle est pleine. Au seul nom de Coluche, plus de mille personnes se sont ruées au vieux Colisée. *L'Histoire d'un mec, le C.R.S. arabe,*

Gugusse... A chaque interruption, c'est l'ovation. Le public marche à fond, se tord de rire. Michel sera rappelé plusieurs fois.

Épuisé, il regagne sa loge. Son baptême du feu provincial dépasse toutes ses espérances. Ravis, les organisateurs de la tournée ont, pour le remercier, réservé une table au restaurant du coin. Mais Michel, malgré toute son émotion, n'oublie pas son équipe :

« Pas tout de suite, leur répond-il. Il faut d'abord que j'aide mes copains à recharger le matériel.

— Recharger le matériel ? Vous n'y pensez pas ! Après le tabac que vous venez de faire ! Vous êtes une vedette, Michel. Reposez-vous. Les autres villes ne seront peut-être pas toutes aussi faciles. »

Coluche hausse les épaules ; et la vieille habitude du café-théâtre, alors ? Il ignore encore qu'un artiste en tournée doit préserver son énergie et laisser aux autres les problèmes d'intendance.

« Je vous rejoins tout à l'heure. De toute façon, il n'y en a pas pour longtemps. »

Erreur ! Les deux tonnes de matériel qui, au départ de Paris, tenaient parfaitement dans le Bedford, ne parviennent plus à s'y entasser. Pendant deux heures, Michel s'escrime avec Alain et Jean-Mi, oubliant le triomphe qu'il vient de remporter. Il reste toujours une grosse caisse ou un haut-parleur sur le trottoir. A deux heures et quart du matin, enfin, la camionnette est chargée.

« Suivez-moi, annonce Michel, plus frais qu'à sa sortie de scène. J'ai oublié de vous dire, mais on est invités à dîner ! »

A ce rythme-là, pensent les vieux routiers des galas, il ne va pas tenir longtemps ! Coluche a sa façon à lui de faire la part des choses. Le chargement d'une camionnette a autant d'importance à ses yeux que le choix de son costume, son maquillage ou l'ordre de ses sketches. Et il a de l'énergie à revendre ! Premier levé, dernier couché, d'une ponctualité obsessionnelle, il va régner sur sa troupe pendant presque six années de tournées, attentif au moindre détail, s'intéressant aux loisirs des uns et des autres, instigateurs de joyeux bordels qui laisseront quelques souvenirs impérissables à certains hôteliers, tout au long des trois cent mille kilomètres parcourus pendant cette période. Ce n'est qu'à mi-chemin de cette longue route parsemée de galas que Michel apprendra quelque peu à se détendre ; rattrapant quatre ou cinq heures sur un emploi du temps consacré pour moitié à participer au travail de son équipe.

Comme la plupart des fantaisistes, Michel n'aurait pas vraiment besoin de s'encombrer d'un orchestre — seuls demeurent de son équipe initiale, l'éternel Alain Pellet, sa fiancée Doudou, René et Pierrot Gorlain, Patou (un musicien) et Jean-Mi, et la plupart de ses sketches se suffiraient à eux-mêmes sans présence musicale. Mais Coluche aime « l'esprit de cirque », et lui-même se qualifie de clown. Un de ses sketches les plus émouvants renoue d'ailleurs totalement avec la tradition des chapiteaux. Qui ne se souvient de cette scène finale où Michel se retrouvant seul, assis sur un banc, extirpant un minuscule violon d'un immense étui et, les mains emprisonnées dans des gants de boxe, interprète *Le Temps des cerises* tandis que l'éclairage de la poursuite s'éteint peu à peu sur son visage ? Et puis, un orchestre, c'est surtout encore plus de potes à transporter ! Des copains avec lesquels il peut organiser des descentes dans les magasins de musique, à peine arrivés dans une ville...

A mesure que les tournées prennent de l'ampleur, Michel investit. Le Bedford essoufflé n'est bientôt plus qu'un vieux souvenir, remplacé par un énorme camion américain capable de rouler à deux cents à l'heure et doté de tout le confort — cette notion de confort est très importante pour lui : c'est un mot qu'il utilise souvent. Il se fout du luxe mais a besoin de se sentir à l'aise partout où il se trouve, en compagnie de ses potes. D'ailleurs il ne conçoit pas d'être seul à profiter des avantages matériels que lui apporte peu à peu son succès. L'intérieur du camion est donc recouvert de moquette, doté d'une chaîne stéréo, de sièges « pullman »... Le moteur est puissant, mais Michel refuse de faire joujou avec la sécurité :

« Quand je vois la route qu'on fait, chaque fois qu'on arrive entiers, c'est qu'on a eu un coup de bol ! »

La première « approche » d'une ville, Michel l'effectue avec un soin tout aussi méticuleux. Il a le respect du public, veut avant tout s'assurer que sa prestation sur scène se déroulera dans les meilleures conditions possibles. Souci que ne partagent pas toujours les organisateurs !

« Plus je fais de monde, moins les conditions de travail sont respectées », observe-t-il à la fin d'une de ses tournées.

Le débutant, lui, ne pouvait remplir une salle que si toutes les chances étaient mises de son côté. Mais une fois Coluche reconnu, certains organisateurs n'ont d'autre souci que de rentabiliser la soirée ! Michel ne l'entend pas ainsi !

A son contrat type d'artiste de gala, il joint un additif détaillé précisant ses conditions de travail : conformité de l'installation électrique, dimensions de la scène, confort des loges, sécurité pour la troupe et pour les spectateurs, chauffage, interdiction de l'installation d'une buvette dans la salle. Cette dernière exigeance étonne. Mais, comme il l'explique, le bruit des canettes tombant du haut des gradins détourne son attention et celle du public. « Je suis pas chanteur, moi, je suis pas soutenu par la musique. C'est dans le silence que je parle. » Qu'une seule clause de cet additif ne soit pas respectée et Michel se réserve le droit d'annuler purement et simplement son contrat. Et les incidents sont nombreux qui le poussent à user de cette réserve...

Dans le midi de la France, deux heures avant son spectacle, Michel apprend que les organisateurs ont oublié d'installer des chaises dans la salle. Les spectateurs ont déjà acheté leur billet, mais devront assister au gala debout. La troupe a parcouru près de quatre cents kilomètres pour cette unique représentation. Tant pis ! Michel refuse de se produire tant que le public ne bénéficiera pas du confort minimum auquel il a droit. Une demi-heure avant le spectacle, les chaises ne sont toujours pas arrivées. Michel annule tout simplement son contrat.

« Même si les gens sont prévenus, je m'en fous. Je n'accepte pas de les recevoir dans ces conditions ! »

Furieux, les organisateurs laissent malgré tout entrer le public sous le chapiteau et, devant des centaines de personnes, annoncent :

« Coluche refuse de jouer ce soir ! »

Une véritable émeute s'ensuit. La foule tente d'écharper l'équipe technique et des groupes s'organisent pour attendre Coluche à la sortie.

La présence d'esprit de René qui rampe jusqu'au tableau électrique pour couper le courant provoque une panique. La confusion qui s'ensuit permet d'échapper à la galère.

A la Beaugeoire (Palais des expositions de Nantes), en plein mois de janvier, par moins cinq, les canalisations ont sauté, empêchant la salle d'être chauffée : Michel annule. Timidement, l'un des organisateurs va le trouver dans sa loge et a le malheur de lui proposer un Thermolactyl pour pouvoir jouer malgré le froid. Michel le lui fout bien évidemment à travers la gueule. Puis il se calme, réfléchit : seule l'installation de la municipalité peut être mise en cause ; d'autre part, les organisateurs avaient prévenu le public avant de vendre les places... Il accepte le Thermolactyl !

Il existe aussi tout un climat que Michel déteste. Bien souvent l'accès des chapiteaux est gardé par des maîtres-chiens accompagnés de monstrueux molosses. Situation qui provoque chaque fois des engueulades sans fin :

« Pour éviter qu'un mec resquille une place à trente balles, vous prenez le risque qu'un de vos clébards devienne fou et bousille un gosse ! Vous virez vos chiens ou c'est moi qui me tire ! »

Ou bien, découvrant que seules les chaises et la caisse ont été montées à l'avance, Michel fait la moue et s'en va :

« Les chaises et la caisse ! Les thunes d'abord ! Eh bien, vous en ferez sans moi ! Salut ! »

A Montauban, une estrade s'effondre avec six cents personnes. Par miracle, aucun spectateur n'est blessé. Michel transforme aussitôt l'incident en gag. Six cents personnes affalées dans la poussière et les décombres se tordent de rire sans même songer un seul instant à protester !

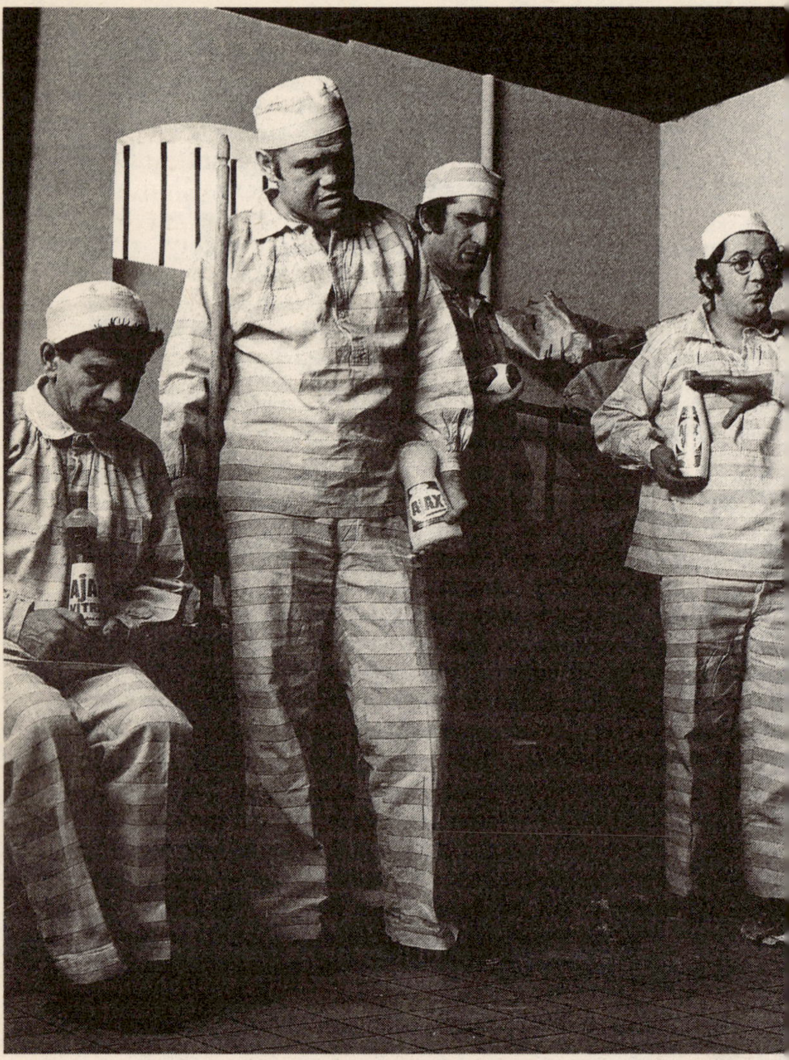

Le premier passage de Coluche devant les caméras en septembre 1971. Tournage du film Les 4 Ajax, *produit par Mike Pochna et Pierre Nahon. Il y prit goût...*

Un peu plus tard, autre incident dont il sera la seule victime. Entre deux sketches, la lumière s'éteint. Lorsque la scène s'éclaire de nouveau, Michel a disparu ! Consternation ! En fait, est-ce un nouveau gag ? Une partie de la scène s'étant effondrée juste sous lui, Michel a disparu dans un trou à son exacte dimension et seuls ses cheveux dépassent encore... Michel ne bouge pas, ne dit rien ; il attend qu'un des musiciens le tire de là sous les hurlements de joie des spectateurs, persuadés que l'incident fait partie du spectacle.

Plusieurs heures de route, un après-midi de tension, deux heures de délire sur scène, quelques coups de main — de plus en plus rares — aux machinos... Et puis vient enfin l'heure du dîner : la bouffe, pour Michel, est un moment sacré qui ne doit pas être laissé au hasard. Il aime les endroits calmes et accueillants, les ambiances douillettes, chaudes et intimes, les menus régionaux... mais aussi les grands noms de la gastronomie, avec une petite faiblesse toute particulière pour Troisgros. Dans le seul but d'y dîner au moins une fois dans l'année, il s'arrange pour que soit programmé un gala à Roannes. Seulement, même un bon régisseur n'est pas obligé de savoir que Troisgros ferme le mardi. Et, en 1980, c'est justement un mardi que Roannes est prévu au programme. Michel ne décolère pas. D'autant que depuis une semaine, les galères succèdent aux galères. Par la faute des organisateurs. Depuis quelques jours, Coluche menace d'annuler la tournée. Ce genre de menaces, tous les artistes la profèrent régulièrement, mais bien peu passent à l'acte. Qui irait ainsi abandonner quarante briques ? Mais Coluche confie : « Si tu ne le fais pas une fois, les mecs te croient jamais. » Il doit se retrouver à Montpellier dès le lendemain.

« Et merde, on annule !

— Annuler Montpellier ? Tu es dingue... »

Et, par un heureux hasard, une association de parachutistes de Montpellier lui a adressé des lettres de menaces. Si Coluche se produit dans leur ville, ils vont tout casser.

Avec une mauvaise foi évidente (les menaces sont nombreuses à cette époque et ne lui ont jamais fait peur), Michel s'en sert comme prétexte.

« On ne va pas à Montpellier. C'est trop dangereux. Demain, on reste à Roannes ! »

Et, dès le lendemain matin, il fait réserver une table chez Troisgros...

Après le restaurant, l'hôtel. Michel trimbale tellement d'objets personnels que chacune de ses chambres finit par ressembler à la précédente. Ce qui lui permet de se sentir chez lui partout où il se trouve.

« Passez à la maison ! » offre-t-il à ses potes qu'il rencontre dans les couloirs de l'hôtel.

« La maison », c'est sa chambre. A peine arrivé, il y installe son magnétoscope, ses cassettes, ses instruments de musique, sa télévision portable. Le gala terminé, il ne conçoit pas de rester seul. Il improvise donc des soirées cinéma, ou des parties de poker, ou mieux encore, des bordels de collégien dont il ne se lasse pas : lits en cathédrale, batailles à coups d'extincteur, douche dans le lit, portes enlevées... C'est ce qu'il appelle ses « petits cadeaux ».

Dans un petit hôtel de Lausanne, l'un des plus antipathiques parmi les organisateurs, se croyant sans doute dans un palace, laisse ses boots en croco devant la porte de sa chambre, imaginant sans doute qu'on allait les lui cirer. Deux des membres de l'équipe de Coluche, que nous ne dénoncerons pas, rentrent ce soir-là dans un état particulièrement avancé.

Le lendemain matin, l'homme aux boots va se plaindre à Michel de l'état de ses pompes.

« Pleines de flotte, rigole Michel, tu crois vraiment ? Tout ce que je peux te dire, c'est que ça m'étonnerait que ce soit de la flotte et que, pour une fois, c'est pas moi. »

De novembre 78 à mars 81, Michel se produit au théâtre du Gymnase, où règne une tout autre ambiance. Tout est installé. Michel n'a donc plus à se soucier de problèmes techniques de dernière minute.

« On est comme des fonctionnaires », remarque-t-il, bien que cette période de détente ne soit pas pour lui déplaire.

Michel n'arrive plus qu'une heure avant le spectacle. Il se produit à neuf heures huit minutes, très exactement. (Les huit minutes étant le temps nécessaire pour que le public finisse de s'installer et se chauffe sans perdre patience.)

Sur sa demande, sa loge a été transformée en un véritable appartement. Michel la considère d'ailleurs comme sa résidence secondaire : lit à peau de panthère, télévision, douche, murs tapissés de velours rouge (et recouvert de télégrammes de félicitations), lumières sur variateur...

Au Gymnase, il a trouvé le remède au trac qui l'habite durant les minutes précédant son entrée en scène : presque chaque soir, c'est le défilé des

Théâtre du Gymnase 1981. Papy Mougeot, béret basque et panier à provisions : la France profonde à rebrousse-poil.

copines. Un petit « câlin » et Michel se sent tout à fait d'attaque pour monter sur scène :

« C'est fou ce qu'on se sent mieux la tête vide ! »

Tandis que Jean-Mi supervise désormais la régie, Aldo occupe la fonction de directeur du Gymnase pour le compte de Paul Lederman dont il est le secrétaire.

Entre huit heures trente et neuf heures, leur fonction principale consiste à faire le guet devant la loge de Michel afin de lui éviter toute visite impromptue et désagréable...

Chaque soir, plus de huit cents spectateurs assistent au triomphe de Coluche, et il faut réserver ses places des semaines à l'avance : on vend les marches ! Un « triomphe » que Michel met en scène d'une manière magistrale, au risque de casser son final.

A la fin du spectacle, classique salve d'applaudissements, que Coluche interrompt.

« On se calme ! On se calme ! J'ai les noms... Vous vous rendez compte de ce que vous êtes en train de faire là ? »

Les gens se taisent, médusés.

« Là, vous êtes en train de faire un succès. Moi, je vais vous montrer comment on fait un triomphe. »

Il leur explique alors sa mise en scène : il va retourner en coulisse, tandis que la musique ira crescendo. Les applaudissements devront suivre en mesure, de plus en plus vite, de plus en plus fort. Alors, il réapparaîtra enfin.

Le public, ravi et complice, fait ce qu'il lui a demandé, applaudit à tout rompre.

Mais Coluche les interrompt à nouveau.

« Ouais, là, c'est pas mal. Mais on peut faire mieux. Il paraît qu'il y a des fois où les gens applaudissent l'artiste debout. C'est plus rare, mais je l'ai vu. Oui, oui, je l'ai vu. »

Et il retourne en coulisse. Même scénario, sauf qu'à son apparition, tout le monde se lève.

« Eh bien, voilà ! Dès demain, vous pourrez dire : hier, j'ai assisté à un spectacle où les gens applaudissaient debout. Vous auriez pu voir un succès. Pour le même prix, vous avez eu un triomphe. Salut ! »

TREMBLEZ, HOMMES POLITIQUES ! CE N'EST PAS QUAND ON A FAIT DANS SON PANTALON QU'IL FAUT SERRER LES FESSES

« L'AFFAIRE » commence à la mi-septembre 1980, fin de la période du music-hall de Coluche. Il a pris l'habitude de réunir chaque soir quelques copains dans sa maison de la rue Gazan. Son sous-sol, aménagé en vrai centre de loisirs (flippers, machines à boissons, tables basses, jeux électroniques, éclairages tamisés, poufs jetés dans tous les coins...), est capable de contenir des centaines de personnes. Et ils ne se privent pas de venir, les potes du Café de la Gare : Romain Goupil, Maurice Najman, Reiser, Rufus, l'équipe de *Charlie Hebdo*, celle du Splendid...

La France vient d'entrer, un peu prématurément, en période pré-électorale. Les discussions dévient invariablement sur le cul et le métier mais s'achèvent de plus en plus souvent par de grandes envolées politiques. La politique, Coluche connaît : il adore ça, c'est un de ses sports favoris après le ping-pong.

Michel a pris conscience de l'importance du

pouvoir politique, sept ans plus tôt, le soir des élections présidentielles de 1974. Paul Lederman lui avait obtenu l'autorisation d'apparaître en bouche-trou, entre les déclarations des deux candidats. Juste avant le discours de Mitterrand, Coluche avait lancé sa fameuse *Histoire d'un mec*. Retombées foudroyantes ! La France tout entière était rivée ce soir-là à son poste de télévision et, du jour au lendemain, Coluche était passé du quasi-anonymat aux sommets de la célébrité. La politique, quelle puissance !

Invariablement, donc, la conversation revient sur le sujet « chaud » du moment. Michel y va de son analyse :

« Les élections, c'est carrément la mascarade. La gauche peut pas gagner et le R.P.R. non plus. Alors je dis, tant qu'à faire, puisqu'ils font les clowns, autant en prendre un qui a le nez rouge. Y a plus personne à gauche. Rocard n'est pas mûr et Mitterrand... Évidemment, comme on passe souvent à l'ancienneté, ça lui laisse une chance ! »

C'est dans cet état d'esprit qu'un soir, sans y croire un seul instant, il lance cette phrase qui va décider de tout :

« Les présidentielles, ça va être le même film qu'en 74, avec les mêmes acteurs et le même résultat... Le seul moyen pour qu'on se fasse moins chier, ça serait que je me présente... »

Un instant de flottement. Quelques rires. Puis un cri unanime :

« Ouais, super, Michel ! Y en a ras le bol de la politique. Présente-toi, on va se marrer ! on va leur mettre au cul à tous ces cons !

— Vous foutez pas de ma gueule ! Je disais ça pour rire... »

Michel reste sceptique. La conversation prend

pourtant de l'ampleur et, au fil des heures, il se laisse convaincre, réalisant le poids de son idée :

« Le plus important, c'est de semer la merde. Si je me présente, je vais faire appel à tous ceux qui ne comptent pas pour les hommes politiques : les branchés, les pédés, les marginaux. Tous ces mecs-là, ça fait du monde. Et puis, il y a aussi 20 p. 100 d'abstentionnistes à chaque élection. S'ils votaient tous, ça pourrait me faire 20 p. 100 dès le premier tour. Ces gens-là n'ont rien à foutre de la politique. Ils pourront mettre tout leur mécontentement dans ma candidature. Je serai le candidat : "Sexe, drogue et rock'n roll..." »

Romain Goupil lui fait remarquer qu'avant de se présenter, il faut recueillir cinq cents signatures. Michel effectue un rapide calcul : sur quarante mille maires, il en trouvera bien cinq cents qui ne sont tenus par aucun parti politique...

« Même si je ne fais que 2 p. 100, ça vaut le coup d'essayer. Je vais demander à Polo ce qu'il en pense... »

Dès le lendemain, Paul Lederman donne sa réponse :

« Pourquoi pas ? Ça peut être marrant, mais à condition de faire les choses en grand ! »

Il établit aussitôt une stratégie :

« Nous allons nous organiser pour que tu passes directement dans le public. C'est lui qui te rendra intouchable. »

La rumeur court déjà. Michel prépare son prochain passage au théâtre du Gymnase et les journalistes se jettent comme un seul homme sur ce bruit de coulisse. Est-ce un gag ? Où bien envisage-t-il sérieusement de se présenter ?

Coluche se montre prudent et ne s'avance guère. Il est encore trop tôt. Aux questions des journalistes, ses réponses se font invariablement sur le même ton :

« Il est pratiquement impossible que je me présente, mais ce serait bien qu'il y ait un clown au premier tour. Je voudrais utiliser les voix que m'a données le public pour faire une dernière farce... et puis me retirer dans une île ! »

Les reporters n'en croient pas un mot. Avec Coluche, il n'y a jamais de fumée sans feu. Les questions se font donc plus pressantes à chaque rencontre :

« Il est pratiquement impossible que vous vous présentiez, mais n'y aurait-il pas bien quand même une petite chance ? »

Et les retombées publicitaires sont telles sur le spectacle du Gymnase que Paul Lederman décide de passer à la vitesse supérieure. Plus de démenti, il faut que Michel entre officiellement dans la course à la présidence !

Coluche publie donc enfin le communiqué suivant :

« Les hommes politiques se moquent beaucoup de nous. Moquons-nous un peu d'eux ! Je serai la boule dans leur jeu de quilles ! »

Et il précise :

« J'arrêterai la politique le jour où Marchais arrêtera de faire rire ! »

L'information est aussitôt reprise par tous les médias : on ne laisse pas passer une telle aubaine ! Et cela suffit à faire glisser Coluche de la rubrique des variétés à la rubrique politique des grands quotidiens. Il ne sait pas encore jusqu'où il va aller mais, quoiqu'il en soit, il commence à s'amuser...

Onze jours plus tard, le 30 octobre, Lederman

organise la première véritable conférence de presse. Michel ne connaît pas les journalistes politiques et il se demande si sa plaisanterie va les amuser. Sur le chemin du Gymnase, où doit se dérouler la rencontre, il se demande même si un seul d'entre eux sera présent... En fait, ils sont plus de deux cents à répondre à l'appel. Presse écrite, radiophonique, et toutes les chaînes de télévision.

Que ce soit pour l'épauler ou pour le descendre en flèche, personne ne veut passer à côté d'une telle occasion !

« Il faut voir les choses en grand ! » avait dit Paul Lederman.

Coluche, en grimpant sur la scène du Gymnase, se rend compte qu'il ne s'était pas trompé...

Les lumières de la salle s'éteignent, les rampes s'allument et Michel fait son entrée sous les applaudissements. Il s'installe à une table et lance immédiatement le début de son texte :

« Ma candidature est une plaisanterie à caractère social... Je n'ai pas la prétention d'être élu ni même de me présenter au second tour. Je me présente pour les abstentionnistes, ceux qui ne votent jamais et qui sont pourtant consommateurs de politique comme les autres... qui s'emmerdent comme les autres. En votant pour moi, ils pourront se compter. De toute façon, ce sera une élection pour rien : Giscard va passer les doigts dans le nez, les autres font de la figuration ! »

Lorsqu'on lui demande s'il a un programme, il répond :

« La droite vend des promesses et ne les tient pas, la gauche vend de l'espoir et le brise. J'aurai un cahier des charges où tous les gens qu'on emmerde pourront demander ce qu'ils veulent. »

A la question « Que ferez-vous entre les deux tours ? » il répond :

« Je ne me désisterai pour personne. Mais je lance un défi aux deux finalistes. Je suis prêt à négocier mon cahier des charges avec eux à la télévision. Il y a des choses de la vie quotidienne sur lesquelles ils doivent pouvoir s'engager : foutre la paix aux marginaux, aux immigrés, s'occuper des vieux et des jeunes, désarmer la police, réaliser des transports gratuits, etc. Je laisserai le public décider de lui-même pour qui voter, en fonction de leurs réponses... »

La rencontre se termine sous les ovations. Le lendemain, *Le Matin de Paris* titre : « Depuis de Gaulle, c'est la première fois qu'on rigole à une conférence de presse. »

Michel vient de donner le coup d'envoi à sa campagne. Comme toujours, tout a commencé par une blague, une phrase jetée en l'air. A partir de cet instant, il sait qu'il doit aller jusqu'au bout (ce qui ne veut pas dire aller jusqu'à l'élection) ou bien abandonner immédiatement.

Chaque après-midi, avant son passage au Gymnase, où son spectacle continue (presque !) comme si de rien n'était, Coluche le consacre désormais à la « stratégie politique » qu'il met au point avec son « chauffeur-secrétaire, bureau politique ambulant » Jean-Mi.

Ensemble, avec Romain Goupil, ils rédigent le message suivant :

J'appelle les fainéants, les drogués, les alcooliques, les pédés, les femmes, les parasites, les artistes, les taulards, les gouines, les apprentis, les Noirs, les piétons, les Arabes, les Français, les fous, les travestis, les anciens communistes, les abstentionnistes convaincus, tous ceux qui ne comptent pas pour les hommes politiques, à voter pour moi, à s'inscrire dans leur mairie et à colporter la nouvelle.

Signé : *Coluche, le seul candidat qui n'a pas de raison de mentir.*

Les déclarations se multiplient, les slogans font la une des journaux. C'est le clin d'œil de fin d'année. La bonne humeur à la portée de tous les foyers. Enfin, la politique devient marrante ! La France entière « est pliée en quatre après avoir été divisée en deux ».

Chaque jour, Coluche passe plus de trois heures à répondre aux journalistes.

« Tous ceux qui voteront pour moi, dit-il, feront la même plaisanterie que moi ! »

Et son principal slogan est repris de bouche en bouche :

« Tous ensemble pour leur foutre dans le cul avec Coluche ! »

Sur scène, il ne peut s'empêcher de pratiquer le geste symbole de sa campagne, assorti au mot d'ordre qu'il vient de lancer : un bras d'honneur un peu compliqué, en trois mouvements, qui s'achève par un doigt tendu bien haut...

Chez lui, il organise chaque soir des « dîners-Coluche » auxquels se pressent intellectuels, contestataires, petits commerçants et vedettes de la chanson. Sa femme, Véronique, est submergée.

« Au début, constate-t-il à peine un mois après avoir lancé ce nouveau délire, j'étais parti pour faire un acte nul, qui n'aurait servi à rien. Mais voilà que plein de gens se mettent à penser que ça peut servir à quelque chose. Moi, de toute façon, ce qui m'intéresse, ce sont les revendications contre la manière dont on vit : on bosse, on paie et en plus on s'emmerde... Ça ne va pas ! »

Les grands leaders de partis politiques n'ont pas

encore officialisé leur entrée dans la course, mais, dans la même foulée que Coluche, d'autres, tels Debré ou Marchais, se sont déjà portés « candidats à la candidature », selon l'expression consacrée.

Michel Debré — pour lequel Coluche a une tendresse toute particulière dans ses gags — commence sa campagne par un appel de soutien, signé par cent cinquante personnalités. Cela donne une idée à Coluche : il fera la même chose, dans *Charlie Hebdo*, mais il veut une signature de plus.

Difficile d'obtenir cent cinquante et un accords en un week-end ! Michel décide donc d'inscrire d'office dans sa liste la plupart des vedettes du show-biz qu'il connaît. Les noms prestigieux s'alignent donc, en soutien au candidat Coluche : Balavoine, Renaud, Carlos, Hugues Aufray, Eddy Mitchell, Michel Sardou, France Gall, Michel Berger, Johnny Halliday... Cela ne suffit pas. Il en rajoute donc quelques autres de son cru, affublés de qualificatifs particulièrement recherchés : Alain Belon (Huître), Yves Montent (représentant)... Mais aussi les noms de ses potes : Ludo Paris (pédé), Aldo Martinez (?), Paul Lederman (escroc), Jean-Michel Vaguelsy (juif)...

Cent cinquante et une personnalités : Debré est battu. *Charlie Hebdo* publie la liste et, comme par un fait du hasard, un peu partout naissent aussitôt des comités de soutien. Il y en aura plus de trois cents (à Gimont, dans le Gers, petit bourg de deux mille huit cents habitants, le comité de soutien répondant à l'appel historique du candidat Coluche regroupera 110 adhérents actifs !) : *Sensibles à ton appel, nous voyons en toi le président qu'il nous faut.*

La direction de *Libé* décide, dès lors, de publier chaque jour une phrase « historique » de Coluche. Seule sera censurée — grâce aux féministes du journal — une réponse de Michel à une déclaration de Marie-France Garaud :

« Je refuse “l'à-plat-ventrisme”, a-t-elle annoncé.

— Les trente-deux manières d'interpréter une candidature, rétorque Michel : Marie-France Garaud refuse de se mettre à plat ventre. Elle n'a qu'à se mettre sur le dos, comme d'habitude ! »

Coluche, découvrant que son électorat potentiel est infiniment plus vaste qu'il ne l'avait imaginé, tente de le définir en s'annonçant comme « le candidat des minorités regroupées ». Nouveau lancer de pierres à effet boomerang : les groupuscules, ne sachant à qui se rallier, tentent tous de le contacter. Parmi les premières délégations, Michel reçoit celle des homosexuels. Ils sont représentés par un journaliste, Joël Hérode. Celui-ci veut s'assurer que Coluche est favorable à l'abrogation des articles du code réprimant l'homosexualité. Coluche le rassure sur ce point. Quelques jours plus tard, il est contacté par la F.A.N.E., mouvement néo-nazi, et il répond :

« Je veux bien être le candidat des pédés, mais pas celui des enculés ! »

De son côté, Brice Lalonde, candidat des écologistes, veut s'assurer qu'il ne va pas marcher sur son gazon. Au cours d'un déjeuner au local des écolos, il essaie de le sonder sur ses véritables intentions :

« Ma candidature est une farce, le rassure Coluche. Mais toi, tu seras élu le jour où les arbres voteront ! »

Pierre Benichou, rédacteur en chef du *Nouvel Observateur*, est à une « soirée-Coluche » le soir où

Mitterrand vient d'annoncer officiellement sa candidature.

« On a longtemps hésité entre Mitterrand et toi pour la couverture du *Nouvel Obs*, confie Pierre Benichou à Coluche. Finalement, c'est toi qu'on a choisi. »

Michel s'en étonne.

« Un sondage nous a révélé que 27 p. 100 de nos lecteurs étaient prêts à voter pour toi, explique le journaliste. Par ailleurs, un sondage S.O.F.R.E.S., commandé par *Paris Match*, laisse entendre que 10 p. 100 des Français sont de ton côté. Le chiffre est si énorme qu'ils ont d'ailleurs décidé de ne pas publier les résultats ! »

Coluche se retrouve donc en couverture du *Nouvel Obs*. Peut-être ont-ils en fait d'autres motivations... Mais cela n'empêche pas Coluche de dire :

« Tu te rends compte qu'on est en pleine période pré-électorale et les mecs trouvent pas mieux à faire pour vendre leur canard que de mettre ma gueule dessus ! »

Mais le comité de soutien de Coluche le plus inattendu et le plus original va bientôt se constituer à l'appel des intellectuels d'extrême gauche. Coluche, qui n'a même pas son certif., se marre lorsque Félix Guattari, auteur de l'excellent ouvrage, *La Révolution moléculaire*, co-auteur avec Deleuze du non moins excellent *Anti-Œdipe*, organise une rencontre dans le lieu sacro-saint des intellos parisiens : le café Procope. Il y convie une quarantaine d'anciens soixante-huitards, parmi lesquels Gilles Deleuze (philosophe), Jean Cheneaux (professeur au Collège de France), Jean-Pierre Faye, Gérard Soulier, etc. Tous ont revêtu leur uniforme de super-penseurs : costard de velours, chemise à col ouvert, grosses chaussettes et Pataugas qui leur permettent de se promener allégrement dans les champs de l'abstraction.

Coluche s'y rend en compagnie de Jean-Mi et Romain Goupil.

Coup d'œil sur l'assemblée, histoire de repérer deux ou trois « gonzesses mettables ».

« Oh ! elle est bonne celle-là ! » se disent-ils en échangeant des coups de coudes.

Pendant une heure et demie, chacun des protagonistes se met à expliquer « les raisons pour lesquelles il est important de soutenir la candidature de Coluche dans une optique révolutionnaire structurante en fonction du développement de la société et du devenir de l'homme »...

Michel se montre patient, attend la fin du dernier laïus, puis se manifeste :

« C'est certainement bien, ce que tu dis. Mais tu crois pas que ça serait plus efficace si tu le disais de façon qu'on te comprenne ? »

« On le refera plus, confie-t-il à ses potes en partant. Parce que ça gonfle ! Mais c'est ça l'esprit de la campagne ! Chaque minorité mise bout à bout, c'est la majorité. L'important, c'est que chacun mette ce qui lui plaît dans ma candidature et l'exprime dans son langage... »

Des intellos, il passe aux petits commerçants. Lors d'un dîner avec Gérard Nicoud, rue Gazan, Michel, Jean-Mi et Paul, abandonnés par les habitués de la maison, se retrouvent seuls face au secrétaire général du C.I.D.U.N.A.T.I.

« J'attends deux choses de toi, dit Nicoud. Que tu refuses toute combine avec quelque parti que ce

Une présidence secondaire. Et pourtant 16 p. 100 des Français étaient prêts à voter pour lui !

soit et que tu n'abandonnes pas en cours de route...

— Aucun problème, répond Coluche. J'accepte le soutien de tout le monde sauf de l'extrême droite.

— Je préfère voter pour une salopette que pour un salopard », conclut Gérard Nicoud.

En les quittant, le secrétaire général du C.I.D.U.N.A.T.I. promet d'intervenir auprès de ses trois mille élus locaux. Mais Nicoud vient de se faire renvoyer de son mouvement et il ne tiendra pas sa promesse...

Baladé de droite et de gauche dans son énorme et rutilante Buick Century rouge, qu'il a choisie comme « symbole automobile de sa campagne », Coluche se plaît décidément beaucoup dans la peau de ce nouveau personnage qu'il s'est créé et qui ressemble tant à lui-même. Quel pied de pouvoir démonter ainsi un mécanisme tant institutionnalisé et, par là même, tellement chiant !

De toute évidence, Coluche possède un atout qu'aucun politicard n'aura jamais (sauf Marchais...) : le don de faire rire. Et la farce pourrait continuer indéfiniment, car Michel n'a aucune prétention.

Seulement, l'avait-il pressenti tout en ne pouvant le prévoir ? Faire marrer le public et se foutre de la gueule des « dirigeants » et des « responsables » lui vaut un succès qui dépasse de loin celui auquel les observateurs s'attendaient. Or un clown, un fou du roi, qui décrispe l'atmosphère en une époque tellement tendue, c'est bien, tant que ça ne dépasse pas le cadre du « bébète-show », de *Charlie Hebdo* ou de la première page du *Canard enchaîné*. Mais si ce même clown se met à représenter réellement une partie de la France, cela ne fait plus rire du tout les candidats à la course au pouvoir, tout le petit monde qui gravite autour et qui vit de la politique.

Le vent se met donc à tourner. Si, depuis le début, les journaux de droite ne le prennent pas au sérieux et s'acharnent à l'insulter, les « bien-pensants » de gauche, à leur tour, se mettent à juger le phénomène Coluche comme un vrai danger. *Le Monde* et *Le Nouvel Observateur* se joignent les premiers à l'attaque en qualifiant son action de « poujadiste ».

« Moi, je veux bien, remarque Michel. Mais Poujade, je ne sais même pas qui c'est... »

A tour de rôle, représentants politiques et chroniqueurs se lancent dans la mode « anticoluchiste », comme si leur univers était en danger.

Charles Fiterman :

« Moi je dirais, la merde on l'a déjà. On est en plein dedans, ça nous suffit. »

Avant-Garde (Jeunesse communiste) :

« Coluche, qu'on s'évertue à nous présenter comme anticonformiste et subversif, est en fait un archimilliardaire bien intégré, cynique et méprisant, qui cache ses vieilles idées derrière une salopette, des lunettes rondes et des chaussures jaunes. »

Jean Lecanuet :

« Je ne suis pas sûr que l'intervention dans le débat de ceux qui font métier de bouffonnerie soit très saine pour notre avenir. Les rois entretenaient des bouffons auprès d'eux, mais c'est parce que le pouvoir des rois n'avait pas d'autre censure. »

Pierre Mauroy :

« Coluche, j'espère que c'est de l'humour à la française et qu'on en restera là... Si cela devait être autre chose et si pour les citoyens et citoyennes de notre république cela devait être un dérivatif, une façon de se détourner de l'essentiel, je dirais : Coluche, holà ! »

Brice Lalonde :

« Partageant avec Coluche la consternation devant le "Club des quatre", je ne compte pas en revanche sur lui pour défendre l'écologie. Nous qui refusons que la politique devienne un spectacle pendant que les technocrates décident dans les coulisses, nous voyons le phénomène Coluche comme un symptôme et non comme un remède. »

Michel Debré :

« Le phénomène Coluche est une manifestation localisée mais significative de l'altération de la confiance populaire devant l'autorité. Le problème qui devrait inquiéter ceux qui sont au pouvoir et qui devrait les faire s'interroger sur la valeur de leur action, c'est le fait qu'on puisse dire aujourd'hui : pourquoi pas Coluche ? »

Jacques Blanc (R.P.R.) :

« J'espère que les cinq cents élus dont a besoin Monsieur Coluche pour se présenter n'oseront pas donner leur signature pour participer à cette campagne de show-business. »

Alain Krivine :

« La dérision et le rire de Coluche ne contribueront pas à transformer le ras-le-bol de la politique politicienne en volonté d'agir collectivement contre Giscard-Barre... »

Puis surgit aussi le problème des signatures. Même s'il prétend le contraire, Coluche n'en a toujours aucune, ou si peu que ce n'est pas la peine d'en parler. Mais il espère que le parti socialiste, comprenant que la merde qu'il met peut lui être favorable, va lui apporter le soutien de ses élus locaux. Michel laisse donc entendre à tout le monde qu'il attend d'être contacté par Mitterrand. Un soir, enfin, le téléphone sonne :

« Allô ! Je m'appelle Gérard Collé, je suis au P.S.

Nous pourrions nous rencontrer afin d'organiser un rendez-vous avec "qui vous savez".

— Qui ça ?

— Faites attention, il y a des écoutes téléphoniques.

— Ils sont peut-être cons, mais vous croyez qu'ils n'ont pas compris de qui vous voulez parler ? »

Deux jours plus tard, les émissaires de « qui vous savez » se présentent rue Gazan. Ils sont deux. Gérard Collé présente son acolyte :

« Voici Jean Glavany. Il est au cabinet de François Mitterrand. »

Le collaborateur du candidat socialiste a une bonne tête de prof de gym syndiqué. Cheveux blonds et courts, taille moyenne, épaules larges.

« Alors, qu'est-ce que vous voulez ? » demande-t-il aussitôt.

Michel mime l'étonnement.

« Moi ? Je vous demande rien... Je ne vous ai pas demandé d'être là ; c'est vous qui venez chez moi... Je ne comprends pas. Enfin, asseyez-vous. Vous prendrez bien le café avec nous ?

— Je vois qu'il est temps que l'on s'explique, attaque Glavany sur un ton de pédagogue. Avec le bruit qu'il y a autour de votre candidature, il faudrait peut-être que vous sachiez ce qu'est le P.S. Bien sûr, vous dites des choses intéressantes, mais tout cela fait partie du programme de François Mitterrand. Les minorités, par exemple, ça nous concerne beaucoup... »

Là-dessus, il se met à brosser un tableau de la campagne du P.S. dans le genre « tout ce que vous dites, on va le faire, alors pourquoi nous gêner ? »

Michel garde son flegme :

« Si dans le programme de Mitterrand il y a tout ce que je dis, je suis bien content de l'apprendre.

Donc, ce que vous faites, ce n'est pas bien. Car, personne ne le sait. Mitterrand n'a donc aucune chance d'être élu. En fait, vous me demandez de m'arrêter. Or, tout le monde parle de ma candidature. Je n'ai donc aucune raison de m'arrêter. Et si vous considérez que tout ce que je dis est intéressant, vous devez au contraire tout faire pour m'aider !

— Nous voulons les mêmes choses que vous, tente de le persuader Glavany. Seulement vous risquez de prendre des voix à la gauche.

— Moins que vous ne le pensez... Mais je vois que vous ne comprenez rien à ma candidature. Le risque, pour Mitterrand, ce serait plutôt que des tas de gens qui n'ont rien à foutre de la politique s'abstiennent au second tour... Vous n'aurez qu'à me recontacter lorsque vous aurez réfléchi ! »

Une fois les socialistes partis, Coluche ouvre sa chemise : son ventre est barré par un énorme bout de sparadrap qu'il arrache. Toute la conversation a été enregistrée... Un minuscule magnétophone apparaît.

Il faudra toute la force de persuasion de son entourage réuni pour l'empêcher d'envoyer, dès le lendemain, la bande aux journaux. Coluche, qui, depuis quelques jours, commence à sentir les effets d'une censure de plus en plus virulente et d'attaques répétées dans les journaux de tous bords, s'amuse déjà beaucoup moins et sent grandir sa haine pour le monde politique : il est prêt à faire n'importe quoi pour contre-attaquer.

« Je ferai aimablement remarquer aux hommes politiques qui me prennent pour un rigolo, que ce n'est pas moi qui ai commencé », écrit-il, acidement, dans *Libé*.

La presse, maintenant qu'elle le tient — et, sans

doute, les ordres viennent-ils de haut —, n'entend plus le laisser en paix. Les attaques quotidiennes des journaux finissent par lui devenir insupportables. Rompant le principe sacro-saint de Paul (« Laisse faire. Tant qu'on parle de toi, c'est bon ! »), il prend rendez-vous avec Jean Daniel, patron du *Nouvel Observateur*, et Dominique Jammet, rédacteur en chef du *Quotidien de Paris*.

L'entretien avec Jean Daniel se passe plutôt mal. (« A quoi jouez-vous, Coluche ? Vous ne voyez pas qu'en vous présentant vous risquez de faire perdre la gauche ! »)

Celui avec Jammet, entamé sous des auspices orageux, s'achève sur un statu quo teinté d'estime réciproque. La veille encore, pourtant, Dominique Jammet détenait le record des propos orduriers jamais écrits sur le candidat Coluche !

Mais, si les pics et les insultes des médias sont finalement de bonne guerre, Michel se voit bientôt confronté à un drame qui lui donne presque envie d'abandonner.

« J'ai promis à ma mère d'arrêter si un jour ma vie, ou celle de mes proches, était mise en danger. »

Or, le 26 novembre, son régisseur, René Gorlin, est retrouvé assassiné dans un terrain vague près de Chelles. Cette fois Michel a peur. L'enquête dévoilera, un an plus tard, que la mort de son régisseur n'avait rien à voir avec la campagne. Il l'ignore. Si, comme les journaux le laisseront entendre pendant des semaines, cet acte de violence était une mesure d'intimidation, la vie de Coluche et de ses proches est donc en danger. Premiers visés, Coluche et sa famille, Paul Lederman et Jean-Mi. D'autant que René était un ami de longue date : il l'avait formé au métier de régisseur des années avant la campagne.

Sautant sur l'occasion, divers « plaisantins » en profitent pour adresser à Coluche des lettres de menace, ou des coups de téléphone anonymes. Les journaux, de leur côté, laissent entendre que le « clown » traîne en fait dans de drôles de milieux et que René était son gorille... Mais Michel tient bon : « Des gardes du corps il en faudrait deux par enfant, deux pour ma femme, deux pour Paul, deux pour Jean-Mi, alors j'en ai pas... » Paul Lederman, de son côté, appelle la préfecture de police et demande protection pour Coluche et sa famille. La maison de la rue Gazan est mise sous surveillance. Devant la porte d'entrée, vingt-quatre heures sur vingt-quatre, deux policiers montent la garde.

Michel n'aime peut-être pas beaucoup la police, mais ça ne l'empêche pas d'apporter régulièrement des sandwiches et des cafés aux deux malheureux flics qui se les gèlent en plein hiver pour assurer sa protection.

« C'est curieux, fera observer l'un d'eux. Quand on s'occupe d'Alain Peyrefitte (alors ministre de la Justice) c'est tout juste s'il nous regarde. Et vous, vous nous soignez comme une mère ! »

Un peu d'espoir revient cependant lorsque, le 5 décembre, Michel Berger et France Gall arrangent une rencontre entre Coluche et Jacques Attali. Le conseiller de Mitterrand fait partie de leurs amis depuis longtemps. Ils organisent donc un dîner, chez eux.

Dès le début du dîner, Jacques Attali attaque sur un air qui semble familier à Michel :

« La plupart des choses que vous revendiquez

sont dans notre programme et François Mitterrand les mènera à bien ! »

Le conseiller de Mitterrand parle sur un ton doux et persuasif. Coluche réfléchit un quart de seconde, le nez dans son assiette, puis lève soudain la tête :

« Vous mentez. Vous êtes comme tous les autres ! »

Jacques Attali fronce les sourcils et paraît offusqué.

« Monsieur Coluche, je vous demande de ne pas me traiter de menteur ! »

Michel est énervé ce soir-là. On le serait à moins. La campagne l'épuise. Depuis la mort de René, il vit sur le qui-vive. Même le parti socialiste, pour lequel il éprouve pourtant de la sympathie, ne trouve plus grâce à ses yeux. Se souvenant de son premier contact avec le grand parti de gauche, il radoucit cependant le ton et s'explique :

« Il y a déjà deux mecs qui sont venus me voir de votre part ! Un certain Gérard Collé et son copain, Jean Glavany. Ils m'ont dit à peu près la même chose que vous pour que je retire ma candidature... »

Attali hésite entre la colère et l'étonnement :

« Je ne suis pas au courant ! Ils appartiennent bien au cabinet de François Mitterrand, mais ils n'avaient reçu aucun mandat. »

Michel le scrute. Le conseiller de Mitterrand a l'air sincère. Il reste donc un peu d'espoir si le P.S. n'a pas cherché officiellement à l'évincer. Coluche agit pourtant comme s'il n'avait pas entendu :

« Le programme de votre candidat, ce n'est pas un argument, reprend-il. Moi, j'en ai pas de programme. »

Sentant son interlocuteur mûr pour l'entendre, il ne cherche pas à le concurrencer sur le terrain politique où, face à un spécialiste, il ne ferait pas le poids. Volontairement, il joue l'idiot et, sur le ton du propos de bistro, laisse imperceptiblement pointer le bon sens :

« Si vous tenez compte des minorités que je représente, le public, lui, ne le sait même pas. Et puis, il n'y a que moi qui puisse leur donner la parole parce que je suis le seul à ne pas vouloir être élu... Vous croyez, vous, que les abstentionnistes qui s'inscrivent à cause de moi voteraient pour vous si je me retirais ?

— Je vous répète que nous voulons la même chose que vous, insiste Attali. Mais laissez-moi continuer. François Mitterrand estime que c'est bien de vous présenter. Mais, je vous préviens, c'est dangereux. Vous ne vous rendez pas compte de la violence et de la méchanceté de certains hommes politiques... Ce sont des voyous ! »

Coluche hoche la tête, l'air entendu :

« Je m'en suis déjà rendu compte... Mais vos dirigeants m'attaquent. Alors, je ne comprends plus !

— Claude Estier et quelques autres n'ont rien compris à votre démarche, reprend Attali. Je leur expliquerai que vous ne nous gênez pas. François Mitterrand aime la liberté. Ni lui ni moi ne sommes contre vous...

— Admettons, mais si vous êtes plus sympas que les autres, vous êtes quand même des perdants. Donc, quelque part, vous avez faux !

— Nous avons certainement des choses à apprendre, mais Mitterrand n'est pas au bout de sa marche. Avec son accession à la candidature, cette image de gagneur commence à se construire. »

La conversation se poursuit pendant des heures sur le même ton. Tant et si bien que Coluche, pour une fois, fait à peine honneur au somptueux dîner. France Gall et Michel Berger, de leur côté, prennent bien garde d'intervenir le moins possible. Cependant, vers le dessert, l'atmosphère commence à se détendre. Les deux « scorpions » — ils sont du même signe — se rendent compte que, finalement, ils parlent peut-être le même langage. Dans l'escalier menant au salon où attendent quelques liqueurs et douceurs traditionnelles, Jacques Attali précède Coluche. Il se retourne soudain et le regarde dans les yeux :

« Dites-vous bien que, si vous avez un coup dur, vous pouvez nous appeler. On ne vous laissera pas tomber... »

Tard dans la soirée, Attali annonce finalement qu'il doit prendre l'avion dans trois heures pour se rendre à Washington en compagnie de François Mitterrand.

La poignée de main qu'il échange avec Coluche est ferme et le sourire qui s'épanouit sur leur visage en dit long sur la façon dont ils ont ressenti cette première rencontre. Michel sait déjà que vient de naître une profonde amitié...

A mesure que la campagne électorale prend de l'ampleur et qu'approche la date fatidique des urnes, la présence de Coluche, par le côté dérisoire qu'elle implique, gêne de plus en plus ouvertement le petit monde fermé de la politique. On parle trop de Coluche, même si c'est pour en dire du mal. Et comme les insultes paraissent glisser sur la carapace de son sens de l'humour et qu'aucune mesquinerie ne semble atteindre son don proverbial de la repartie, le mieux à faire est de le noyer dans l'oubli.

Et, soudain, c'est le black-out. Pour la première fois de sa vie, Michel se voit confronté à une censure implacable.

« J'ouvre trop ma gueule, avait-il dit. Ils vont me renvoyer la censure... »

A Montpellier, l'union locale des anciens parachutistes menace de sévir si « le candidat Colucci » vient parler dans leur ville. D'autres agglomérations suivent leur exemple.

De son côté, le conseil d'administration de Radio France interdit à Patrick Meyer de recevoir Michel sur Radio 7, décision prise « dans un souci d'harmonisation, le fantaisiste ayant déjà été l'invité de France Inter la semaine précédente lors d'une émission de durée et d'importance équivalentes ». Meyer, qui ne l'entend pas ainsi, décide courageusement de démissionner à la suite de cet incident.

Invité par le Club de la presse d'Europe 1, Michel est interdit d'antenne à la dernière seconde car, sur vingt et un journalistes qui doivent l'interviewer, cinq s'opposent à son intervention. Parmi eux, Patrick Duhamel de TF1, Claude Estier de *L'Unité* et René Andrieu, rédacteur en chef de *L'Humanité*... Il apparaît, pour la dernière fois sur Antenne 2, à l'émission « Le Crible ».

« Votre présence ici déplaît vraiment en haut lieu, lance un journaliste. Ne vous étonnez pas si on ne vous invite plus... Pour le 31 décembre, Collaro enregistre son show sur le thème : "Coluche élu président." Une série de gags désopilants et plutôt gentillets, qui sera purement et simplement annulée. »

Philippe Alexandre, éditorialiste de R.T.L., invite un jour chez lui Coluche pour lui annoncer, ennuyé :

« Chaque fois que je parle de vous à l'antenne, mon rédacteur en chef me sermonne et me laisse entendre que j'aborde un sujet délicat ! »

De leur côté, les Renseignements généraux constituent un dossier sur le citoyen Michel Colucci, pour le cas où ce dernier obtiendrait les cinq cents signatures indispensables à sa candidature et persisterait dans ses intentions...

« Quand on a 10 p. 100 des électeurs avec soi, fait observer Coluche, on hérite forcément de 10 p. 100 de tout. Dix pour cent de la presse, 10 p. 100 des flics et même 10 p. 100 des renseignements... donc je suis au courant de pas mal de choses ! »

Puis, réfléchissant avec optimisme :

« Je vais me laisser aller dans le trou. Quand le silence qu'on m'impose deviendra intolérable, c'est le public qui gueulera et les obligera à m'en sortir ! »

Pour une fois, pourtant, Coluche se trompe.

Mais, malgré l'anonymat forcé dans lequel le plongent peu à peu les médias, sa popularité et sa renommée n'ont fait que croître : Coluche est le candidat des minorités et les minorités, justement, ne le laissent pas tomber.

Moto Revue annonce que 52 p. 100 des motards sont prêts à voter pour lui. *L'Arche*, hebdomadaire juif, le soutient par des articles réguliers et élogieux. Le 14 décembre, *Le Journal du Dimanche* publie un sondage dans lequel il apparaît que 16 p. 100 des Français sont prêts à lui donner leurs voix : 16 p. 100, soit 50 p. 100 de plus que le parti communiste pourtant reconnu comme un « grand parti »...

« Y en a un qui s'est énervé, il m'a donné un coup de fourchette de trop », observe Coluche qui n'avale pas un instant l'énormité du chiffre et sait que le *J.D.D.* essaie ainsi d'augmenter son tirage.

Les flics sont à sa porte — pour le garder, mais quand même ! — les R.G. l'observent, les journaux le boudent, les politiciens l'évitent ou l'invitent, les mauvais coucheurs le menacent, les sondages s'affolent... Rien de tout cela n'atteint pourtant vraiment la bonne humeur de Michel, ni ne l'empêche de poursuivre ses activités habituelles et quotidiennes, parmi lesquelles son spectacle qui fait salle comble au Gymnase.

Pendant les élections, Michel traverse sa période « cuir ». Ça lui est venu en fabriquant une gaine de couteau. Coluche a, en fait, profondément, une âme d'artisan. Il prétend lui-même que, s'il n'avait pas été artiste, il aurait aimé être un petit commerçant et vendre des objets travaillés de ses mains. Aucune de ses motos n'est tout à fait d'origine. Ni celles de ses potes d'ailleurs. Toutes ont une petite touche personnalisée de lui. Il respecte les objets, c'est son côté « amour du travail bien fait », et chaque chose qu'il entreprend a de l'importance. Témoin, une page de son agenda, où les diverses occupations de sa journée semblent toutes tenir le même rang : neuf heures, acheter de la colle, neuf heures trente, rendez-vous avec le *Herald Tribune* ; dix heures, conférence chez les homosexuels ; onze heures, relire le numéro 29 de *Charlie Hebdo* ; midi moins le quart, convoqué à la P.J. pour port illégal de décoration.

C'est grâce à ce trait de caractère qu'il peut, tout en discutant politique avec Jean-Mi, en organisant ses rendez-vous, en réfléchissant à sa stratégie, se détendre, dans son sous-sol transformé en atelier, en tapant à grands coups de marteau sur des morceaux de cuir qu'il transforme en bottes, en selles, en shorts tyroliens. Une vraie torture pour ses amis qui, non contents d'être obligés de hurler pour se faire entendre, doivent par la suite, bon gré mal gré, porter ses œuvres !

La présence des flics devant sa porte ne le gêne pas le moins du monde.

Un soir, Michel revient du marché. Il gare sa voiture devant la porte de sa maison, rue Gazan. Les deux policiers le saluent et échangent quelques politesses avec lui :

« Tenez, leur dit Michel en leur tendant deux paquets. Vous pouvez me garder ça, il faut que j'aille ranger ma caisse un peu plus loin. »

Serviable, l'un des deux flics tend la main. Michel décharge d'autres paquets, gare tranquillement son véhicule en bas de la rue, et revient en sifflotant.

« Merci », dit-il au policier en reprenant les deux grosses enveloppes marron que l'autre tient par la ficelle.

L'agent n'a aucune raison de penser qu'il vient de porter, pendant plusieurs minutes, quelques centaines de grammes d'herbe représentant la provision du mois pour Coluche et ses potes.

« De rien, monsieur Coluche, à votre service ! »

Michel, qui clame bien haut n'avoir aucun programme à proposer pour sa candidature, conclut cependant un accord avec *Charlie Hebdo*, autorisant le magazine à publier régulièrement des extraits de « la ligne politique qu'il envisage ». Il n'en est même pas l'auteur et en rit le premier : Appel solennel du président Coluche : *Le président Coluche ayant constaté qu'on ne boit pas assez de vin en France, ni de Pastis, que d'autre part, on ne fume pas assez, qu'on ne baise pas suffisamment la femme du voisin, décide de promouvoir le présent encouragement à l'ivresse publique. Après le boulot, le métro et les discussions politiques au bistrot, rentrez bourrés !...*

... Égalité totale des sexes. Suppression du féminin dans la langue et la grammaire française. Suppression du mot infâmant « femme » et du mot sexiste « homme ».

Libération totale de la sexualité. Les pédérastes, homosexuels, homophiles et autres enculés pourront même s'embrasser sur la bouche en s'enfilant...

Comprenant que le barrage de la censure en France devient quasiment infranchissable, Paul Lederman décide d'adopter une autre tactique et de faire appel à la presse internationale. Le succès est aussitôt foudroyant. Les plus grandes plumes européennes et mondiales se mettent à défiler rue Gazan.

Il est fréquent, désormais, de voir, dans la même journée, le chroniqueur du *Herald Tribune* faire antichambre tandis que Michel finit de répondre aux questions de la télévision brésilienne.

Mais, comme Michel a un sens de la mesure qui lui est propre, il n'est pas rare non plus que les correspondants de journaux tels que *Asaï*, tirant à plus de quinze millions d'exemplaires au Japon, ou le *New York Times*, poireautent pendant deux heures tandis qu'il reçoit l'éminent rédacteur du *Journal des comités de soldat* ou autre canard boiteux diffusé à trente exemplaires...

Il lui arrive aussi d'organiser de vraies conférences de presse, recevant trois, quatre ou cinq journalistes à la fois, de préférence parlant plusieurs langues étrangères et qu'il se fait un plaisir de recevoir, déguisé en bébé rose ou assis dans la pantoufle géante qu'on vient de lui offrir. Le merdier total. Tandis que Jean-Mi joue au maître d'hôtel et sert le café en mettant ses doigts dans les tasses, qu'Aldo (à l'époque secrétaire de Lederman) casse imperturbablement des noix par sachets entiers qu'il engloutit dans son coin sous le regard stupéfait des journalistes, les interprètes tchèques, suédois et portugais se chamaillent dans un brouhaha totalement inaudible.

Mais, si le *Times* écrit : *Le succès de Coluche devient un sérieux avertissement pour le président Giscard d'Estaing signifiant que tout ne va pas pour le mieux dans la France libérale*, au même moment, paraissent en France deux articles, l'un dans *L'Express*, l'autre dans *Minute* qui finissent par atteindre sérieusement le moral de Michel.

La vraie nature de Coluche, signée par Jacques Derogy, le fait apparaître comme un sinistre plaisantin, un être cynique et sans scrupule. Une enquête minutieuse menée auprès des quelques victimes de ses coups de colère et qui étale sur cinq pages un tel ramassis d'inepties qu'elle ne fait que mettre en valeur la frustration haineuse de son auteur.

Minute, de son côté, publie un rapport de police datant de 1963, dans lequel Michel est accusé de vol et de recel. L'objet du litige, dont *Minute* se garde bien de faire état, n'est rien d'autre qu'un malheureux rasoir Gillette.

Parallèlement, la lettre bimensuelle du Centre d'Instruction civique, dont le rôle essentiel est de réduire le nombre des abstentionnistes, et qui n'a vraisemblablement pas compris que Coluche abonde dans son sens, publie :

C'est l'importance de l'élection qui rend dérisoire et attristante la candidature de Coluche. Il faut y voir, indépendamment de l'opération publicitaire, une manifestation du goût à la fois destructeur et ordurier que nourrit, en un point caché de son inconscient, le peuple connu pour le plus spirituel du monde.

Cependant, l'importance de Michel croît tellement aux yeux des médias étrangers que, le 9 février, l'association de la presse anglo-saxonne organise, pour lui, un déjeuner-conférence à l'hôtel Hilton. Y sont présents, outre la télévision et la presse anglaise et américaine, l'ambassadeur des États-Unis et un représentant de l'agence Tass.

La veille au soir, Michel s'inquiète. C'est pour lui l'événement le plus important depuis que la France le censure. Les journaux télévisés seront bien obligés de relater l'événement. Un coup délicat à ne pas manquer. Or tout le monde ignore encore que, à cause de l'importance de la pression des forces institutionnelles, cinq maires seulement — sur les cinq cents dont il a besoin — lui ont donné leur parrainage.

« On est dans la merde. Demain matin, à dix heures, qu'est-ce que je vais leur dire ? Ils vont me demander pour les signatures... »

Ils construisent un scénario. Les signatures ? pas de problème. Il n'y a qu'à mentir. Michel possède un bon paquet de lettres de refus provenant de centaines de municipalités, sur lesquelles il lui suffit de poser les cinq parrainages pour faire illusion. Et si les journalistes lui demandaient à consulter la liste ? Il leur dirait que, compte tenu des pressions qu'ils subissent, les maires préfèrent garder l'anonymat de peur de se voir retirer leurs subventions.

Le bluff marche !

A la conférence, Coluche apparaît déguisé en clown, un turlututu dans la bouche. Derrière lui, il a posé plusieurs barils de lessive.

Au musée Grévin, Coluche et son double de cire : la tête est légende.

Il attend la question fatidique. Et cela ne tarde pas :

« Monsieur Coluche, où en êtes-vous des cinq cents signatures nécessaires à officialiser votre candidature ? »

Coluche se lève, répond avec son turlututu :

« Tuut ! Tuut ! Très bonne question, vous avez gagné un paquet de lessive ! »

Et il tend un baril d'Omo, en annonçant dans les éclats de rire :

« Des signatures, j'en ai déjà 628 !

— Pas du tout, intervient Jean-Mi, brandissant le paquet de fausses lettres. Depuis ce matin, tu en as 632 ! »

A la question du rédacteur américain de savoir si sa candidature ne fait pas le jeu de Moscou, Michel se marre : encore un coup qu'il avait prévu.

« Très bonne question une fois de plus ! Mon secrétaire, Jean-Michel, va vous répondre.

— Mon camarade qui est candidat à la présidence de la République m'a dit de vous dire que vous étiez tous très gentils, très sympathiques et qu'il vous remerciait de votre chaleureux accueil », débite Jean-Michel dans la langue de Tolstoï, sans une faute de syntaxe.

Applaudissements. (La plupart des journalistes américains comprennent eux aussi le russe.)

Le soir même, la télévision française est bien obligée d'annoncer que Coluche a déjà gagné sa course aux signatures.

Cela ne résout pas le problème. Les jours passent, la date du dépôt officiel approche. Michel, dont les échanges avec Jacques Attali sont plutôt marqués par la sympathie, se voit contraint de lui dévoiler sa supercherie. Mitterrand, en effet, est le seul candidat à avoir directement, sinon soutenu Coluche, du moins reconnu ses droits lors d'une déclaration :

« J'estime que Coluche, en tant que citoyen, a le droit de se présenter à toutes les fonctions, y compris la présidence de la République s'il le désire, et que les Français ont le droit de voter pour ou contre lui s'ils le veulent ! »

Michel rencontre donc une nouvelle fois Attali qui le reçoit dans la cuisine de son appartement.

« Mes signatures, avoue-t-il, c'est du bidon. Je n'en ai que douze. Il faut que vous m'aidiez ! »

Malheureusement, les consignes du P.S. sont strictes. Les instances du parti ont décidé d'exclure tout élu qui donnerait son parrainage à un autre que Mitterrand.

« La somme des candidatures de gauche est trop importante, explique Attali, et on sait que votre score a toutes les chances de n'être pas négligeable. On ne peut pas prendre le risque que Chirac arrive en seconde position ! »

Il ne reste qu'une solution à Michel : réunir tous les petits candidats en une confédération pour bénéficier de leurs parrainages. Le deal est simple : vous m'apportez vos signatures et je partage mon temps d'antenne du premier tour avec vous. Il essuie malheureusement un refus de Lalonde et Krivine ; seule une minuscule poignée de « leaders » répondent à son appel ; parmi eux, les défenseurs de causes aussi diverses que celle de « l'association femmes sans frontières », « la lutte contre les quartiers de haute sécurité » et « les consommateurs de maisons individuelles ». Michel, déçu, avait annoncé qu'il se présenterait en force devant les journalistes lors d'une réunion-spectacle au Gymnase. Puisque cette dernière tentative échoue, il ne reste plus qu'à la transformer en une énorme farce.

Tous les potes sont donc conviés à l'ultime mascarade, chacun devant représenter un groupe d'opinion (de préférence farfelue). Parmi la trentaine de « petits candidats » bidons, René Fallet apparaît, déguisé en ivrogne et plaide en faveur des « témoins de Gévéor ». Nono, du groupe « Odeurs », représente les « maigres suicidaires », le professeur Choron, de *Charlie Hebdo*, initialement prévu pour défendre la cause des chauves, change de programme à la dernière minute, car il ne supporte pas la présence du candidat « des supporters de football », qui apparaît accompagné d'un coq tenu en laisse. Fidèle à la vocation de défenseur des animaux de son journal, Choron décide qu'en signe de protestation il sera désormais le candidat « des coqs attachés par une patte sur la scène du Gymnase »... Autre représentant des minorités, Ali Foulane (en français, monsieur Untel), qui se lance dans un discours en arabe littéraire pour venir au secours des immigrés...

A la fin du spectacle — qui se déroule le 2 mars, jour choisi par Giscard d'Estaing pour poser sa candidature à un second septennat — Coluche réapparaît à poil, une plume bleue, une blanche et une rouge plantées dans le cul, et un ruban tricolore noué autour du sexe...

Une belle apothéose sur laquelle se jettent tous les photographes. Michel sait déjà qu'il ne lui restera plus, bientôt, qu'à se retirer. Sans l'appui du parti socialiste, après l'échec de la fédération des petits candidats, il n'a désormais aucune chance d'obtenir les signatures. Mais cela n'empêche pas ses ennemis de continuer à s'acharner sur lui.

Trois jours plus tard, il est convoqué à la police judiciaire pour port illégal de décorations. Ceci à cause d'une vieille photo parue dans *Hara Kiri* où il apparaissait déguisé en président de la République trônant sur une cuvette de W.-C. Rageur, Michel appelle Jacques Attali :

« Je suis dans le trou depuis plus d'un mois, menacé de tous les côtés. Si vous ne faites pas rapidement quelque chose je vais devoir attaquer le parti socialiste. C'est ma dernière solution pour avoir accès aux médias ! »

Michel bluffe plus ou moins. C'est vrai qu'Attali lui est sympathique mais il n'a toujours pas digéré le refus du P.S.

« Giscard va faire paraître un livre intitulé *L'État de la France*, lui confie Attali pour le calmer. Pourquoi n'écririez-vous pas un article portant le même titre dans *Le Monde* ! »

Michel accepte, mais son moral reste au plus bas...

Le même soir, un incident le confortera dans l'idée que, malgré le silence dans lequel on le plonge, les autorités de tous bords n'ont pas fini de « s'intéresser à son cas ».

Reiser, invité à dîner chez Michel, s'y rend accompagné d'une fille splendide. Une Soviétique possédant, curieusement, deux passeports, dont un français.

« Elle a insisté pour venir, confie Reiser. J'espère que ça ne te dérange pas. »

Au cours de la soirée, la fille bavarde, minaude et flirte avec un peu tout le monde. Jusqu'au moment où arrive Jean-Mi. Il parle russe lui aussi. Michel le présente comme son secrétaire. Aussitôt la fille change de centre d'intérêt et se jette quasiment sur lui :

« Cette soirée m'ennuie, pourriez-vous me raccompagner chez moi ? J'ai si peu souvent l'occasion de parler ma langue maternelle. »

Conversation en russe, en effet, à bord de la voiture de Jean-Mi ; mais, étrangement, très axée autour de la candidature de Coluche, et de ses opinions politiques...

Le lendemain matin, Michel s'inquiète :

« Tu n'as pas fait le con avec la copine de Reiser, au moins. A tous les coups c'est une fille du K.G.B. ! »

Coluche traverse sa période noire. A ses soucis politiques et professionnels s'ajoute une vie familiale tourmentée. Il ne veut le montrer à personne, mais, en fait, il est au bout du rouleau. Pris d'un coup de déprime, décidé à se retirer de la course à la présidence, il écrit et fait publier la lettre suivante :

Je ne suis plus candidat. J'ai voulu remuer la merde politique dans laquelle on est : je ne supporte plus l'odeur. J'ai voulu m'amuser et amuser les autres dans une période d'une grande tristesse et d'un grand sérieux. C'est le sérieux qui vient de gagner. Eh bien, tant pis ! les gens seront déçus, je le suis aussi. Je suis déçu dans mes droits civiques. J'arrête parce que je ne veux pas aller plus loin.

J'avais proposé aux petits candidats de me rejoindre pour qu'ensemble nous soyons assez forts et que nous puissions aller jusqu'au bout. Trop peu m'ont répondu pour que ça m'encourage à continuer. Les maires se dégonflent, la censure les menace. Je rencontre beaucoup de journalistes qui voudraient m'aider, mais ils n'en ont pas les moyens, parce que leurs chefs bloquent tout.

Aujourd'hui, je me demande comment j'ai pu croire que ma candidature ferait rire les médias et les hommes politiques. Mais quand les uns font bloc et les autres font silence, ils créent un gros trou entre le public et le candidat, le meilleur moyen d'étouffer le candidat.

Si j'avais 2 p. 100 dans les sondages, on aurait trouvé ça rigolo, mais 10 p. 100 c'était trop. Déjà, la police fait un dossier sur moi dans le but d'interdire ma candidature au dernier moment. Tout ça est trop sérieux pour moi. Je ne parle pas des menaces de mort et autres marques d'affection que l'on m'a fait l'honneur de m'adresser.

Messieurs les hommes politiques de métier, j'avais mis le nez dans le trou de votre cul, je ne vois pas l'intérêt de l'y laisser ! Amusez-vous bien, mais sans moi !

Une lettre au ton morose et désabusé qui témoigne

de l'état d'esprit dans lequel Michel se trouve en l'écrivant.

En la découvrant, le lendemain matin, Jean-Mi s'inquiète. Mais Coluche, déjà plus en forme, le rassure :

« Te casse pas. J'ai demandé à Polo et à Aldo de m'organiser une dernière conférence de presse au Gymnase. Avec une lettre pareille, ils vont tous venir ! »

Et il lui décrit sa nouvelle tactique pour déjouer la censure...

A peine sur la scène du Gymnase, face à une salle comble, Michel attaque :

« Je ne vous ai pas beaucoup vus ces temps-ci. Il suffit que je dise que je ne suis plus candidat pour que vous soyez tous là, y compris les trois chaînes de télévision. Maintenant, ce que j'ai à vous dire, c'est que ma campagne ne fait que commencer ! »

Le silence plane sur la salle. Puis quelques exclamations. Les journalistes n'en croient pas leurs oreilles. Michel enchaîne, il s'attaque à la censure que ce coup de théâtre ne va pas manquer de faire rebondir, puis achève par ces mots :

« J'entame ici et tout de suite une grève de la faim pour être invité à deux émissions politiques à la radio et à la télévision : "Le Club de la Presse" d'Europe 1 et "Carte sur table" d'Antenne 2. »

Depuis quelque temps Michel se trouvait un peu gros et, pour lui, le but d'une grève de la faim, c'est de maigrir. Officiellement, sa nourriture ne sera constituée que de deux verres d'eau le matin, l'un sucré, l'autre salé, et d'eau minérale à volonté tout le reste de la journée.

Devant les journalistes médusés, Michel avale

donc un dernier et copieux véritable repas. Pour que son action paraisse vraisemblable, il entame sa grève de la faim en présence d'un médecin et d'un huissier chargés d'informer la presse et le public de ses réelles baisses de poids et de tension.

Le soir même, un coup de téléphone de Claude Villers l'informe qu'il ne sera pas reçu dans son émission à France Inter car l'antenne continue de lui être interdite.

Au cours des jours suivants, il reçoit plusieurs journalistes visiblement très gênés d'interviewer un gréviste de la faim. D'autant plus que Coluche leur lance des quolibets du genre : « Bois pas dans mon assiette », ou bien, offrant un verre d'eau : « Tiens, je veux pas t'empêcher de manger dans mon verre. »

Il leur fait tout un cinéma, pousse des soupirs comme s'il avait des vertiges, affirme : « Parfois, c'est très dur nerveusement, tellement j'ai faim. A d'autres moments, ça ne me fait rien de savoir que je ne becterai pas demain. »

Pour corser la situation, Michel reçoit les journalistes de préférence aux heures des repas et joue avec leurs nerfs en parlant de bouffe tout au long de l'interview : recettes de cuisine, adresses de bons petits restaurants...

Effectivement, il perd six kilos dès la première semaine. Ce qui le ravit. Son entourage commence à se faire du souci.

« Arrêtez de déconner ! »

Michel est bien obligé de dévoiler la vérité. Sous son matelas, et un peu partout dans sa chambre, il a caché des œufs durs, des bananes et autres produits de régime...

« Je vais quand même pas me laisser mourir pour cette bande de cons ! »

Malheureusement, la grève-régime de Coluche n'a

pas l'air d'attendrir le moins du monde ses censeurs. Michel a beau s'affubler chaque jour d'une salopette un peu plus grande dont il tire les bretelles pour montrer qu'il y a de la place à l'intérieur, les deux émissions auxquelles il exige de participer lui sont toujours refusées.

Est alors publié l'appel suivant :

Les signataires estiment contraire à l'esprit de la Constitution le refus systématique d'inviter Coluche à des émissions politiques telles que « Cartes sur table » *et* « Le Club de la Presse ». *Ils demandent donc que les moyens radiodiffusés et télévisés soient ouverts aux postulants à la candidature dans des conditions qui respectent les principes d'égalité et en particulier à Coluche qui fait une grève de la faim dans ce but depuis le 16 mars...*

Rédigé dans des termes tels que n'importe quel démocrate soit tenu de le signer, ce texte rassemble hommes politiques, gens de presse, écrivains, scientifiques, juristes, universitaires et même un militaire !

Rien n'y fait.

« Il vaut mieux arrêter là », conseille Paul Lederman.

Michel est d'accord, d'autant qu'il commence à en avoir marre de son régime. Et puis, après avoir perdu une bonne demi-douzaine de kilos, il aurait un peu tendance à regrossir...

Mais autant finir en beauté !

Il se met d'accord avec Lederman sur un scénario très précis. Une chambre est retenue pour lui dans une clinique de Neuilly et Michel s'y fait hospitaliser. Dès le lendemain matin, il s'évanouit à trois reprises, ce qui fait dire à son médecin qu'il est très atteint sur le plan physique et psychique. Il y passe quatre jours, en compagnie d'illustrés et de cassettes de musique qu'il s'empresse de ranger dans son tiroir dès qu'il reçoit de la visite.

La radio et la télévision sont bien obligées de faire état de son hospitalisation. Les journaux à gros tirages lui consacrent leur couverture en publiant une photo prise par l'agence Sigma, un beau cliché : Michel, gémissant sur son lit, une aiguille de sérum collée au bras, mais plantée en réalité dans son oreiller.

Baisés les censeurs ! Michel peut enfin arrêter une comédie qui ne l'amuse même plus depuis longtemps. Il ne lui reste qu'à annoncer la fin de sa grève et le retrait — véritable et sans appel cette fois — de sa candidature.

Le 5 mai, entre le premier et le deuxième tour des élections, Michel rentre de Guadeloupe où il vient de passer trois semaines. Le 10 mai, il vote effectivement. C'est la première fois depuis 1965. Le candidat des abstentionnistes était, jusque-là, lui-même abstentionniste convaincu !

Dans l'urne, un bulletin en faveur de Mitterrand. Logique.

Pourtant, interrogé juste après sa défaite, bien que Michel ait affirmé : « L'important, c'est que Giscard s'en aille », à la question « en cas de ballottage entre Chirac et Mitterrand, de quel côté seriez-vous ? », il a haussé les épaules et répondu par un « bah ! » lourd d'indécision.

Le soir du 10 mai, Michel fête la victoire du P.S. dans un Paris en liesse. Il atterrit avec Maurice Najman dans un café des Halles, envahi soudain par un groupe de loubards : Michel, Najman et deux autres personnes sont légèrement blessés.

Le lendemain matin, Michel reçoit une lettre manuscrite ainsi rédigée :

Cher Monsieur,

Je suis navré de l'agression dont vous avez été victime hier soir et j'espère que vous serez bientôt rétabli.

Croyez en mes sentiments cordiaux,

François Mitterrand.

Pourquoi Coluche fait-il parti de ces privilégiés à qui Mitterrand a écrit au matin de sa victoire ?

L'explication est peut-être tout simplement dans cette phrase que Coluche prononça lors de sa campagne :

« Si je n'ai pas élevé le niveau du débat politique, j'ai en tout cas élevé considérablement le niveau de la plaisanterie ! »

CROISIÈRE CONFORT

1980 est l'année des grandes lubies pour Michel. Son succès est récent. Il n'a jamais eu autant de thunes, ni autant de temps libre pour les dépenser, depuis qu'il galère. Sa maison, rue Gazan, ressemble à un véritable refuge. Les potes viennent, y dorment une nuit, puis s'y installent pour une semaine, un mois. Parfois plus longtemps. Chaque soir est l'occasion d'une fête. On n'hésite pas à le taper. Le frigo est toujours plein. Lorsqu'il s'emmerde un peu, Coluche se passe des films vidéo sur son téléprojecteur. Il les regarde à sa manière, en accéléré, malgré les protestations.

Un soir d'hiver, affalé dans son salon, entouré d'une demi-douzaine de potes, il écoute un disque de musique reggae. La conversation est animée mais, depuis quelques minutes, Mimi est silencieux. Le disque s'arrête. Il se lève tout à coup, le remet depuis le début. Le reggae est un des rythmes qu'il suit le mieux. Il regagne sa place en dansant et, soudain, annonce sa dernière folie :

« Les mecs, je vais m'acheter une île ! »

C'est dit ! Tous les regards, stupéfaits, se braquent

sur lui. Michel se relève, met la sono plus forte, danse de plus belle.

« Qu'est-ce que vous en pensez ? On serait quand même mieux sur une île au soleil qu'à se geler les couilles à Paris !

— Tu vas vraiment faire ça ?

— Je vais me gêner, tiens ! »

Dès le lendemain, il se renseigne et se décide pour les Antilles. Moins d'une semaine plus tard après avoir annulé quelques rendez-vous, il embarque pour la Guadeloupe. C'est son côté un peu gamin : quand il désire quelque chose, il le lui faut tout de suite, sinon il s'en désintéresse.

Il faut dire que Coluche a toujours rêvé de pays lointains, d'îles ensoleillées. Certains noms à consonance sud-américaine l'ont toujours fait frissonner : Maracaibo, Porto Rico, Acapulco, Rio, Bahia... Pas trop gâté par la vie dans ses débuts (Montrouge n'est pas vraiment le paradis sur terre), il a bien l'intention de se rattraper !

L'entreprise est cependant plus difficile qu'il ne se l'était imaginé. Il n'existe plus aucune île vierge aux Antilles. Pendant quinze jours, il se promène de port en port, d'agence en agence, d'archipel en archipel.

Son périple le conduit finalement à Deshaies, un très beau village à quelques kilomètres de Pointe-à-Pitre, une région peu fréquentée par les touristes, au milieu de la forêt tropicale, dans laquelle se dressent des bananiers, des cocotiers. Et où il découvre, enfin, un terrain à vendre, dominant la baie, sur lequel est bâtie une petite maison en pierre de style colonial qu'il lui suffira d'aménager.

Faute d'île, Michel décide de se contenter de ce lopin de terre. La vue, depuis la maison, est superbe.

« Ça penche toujours d'un côté ou de l'autre. »
Coluche renonça bien vite à la navigation à voile.

Il imagine déjà comment il va pouvoir transformer son domaine en village de vacances pour ses potes.

De retour à Paris, il fait part de son acquisition à son vieux complice Patrick Deweare :

« Tu devrais, toi aussi, venir à la Guadeloupe. Tu aurais qu'à planter la tente dans mon jardin. Si ça te plaît, tu pourras toujours te construire une cabane en bois... »

Patrick accepte la proposition et se rend aussitôt sur place pour y entreprendre la construction. Malheureusement, il ne l'achèvera pas. La « hutte » de Patrick restera longtemps à demi construite, exposant sa façade non loin de celle de Michel...

De son côté, Coluche cherche des potes qui pourraient s'occuper d'organiser l'aménagement du « club » sur son terrain. Il embauche Roland et Jean-Jean (tous deux vivent avec lui dans sa maison, rue Gazan, le premier est restaurateur, le second champion de la bricole...) et les expédie aux Antilles. Ils y resteront pendant deux ans. A force d'acharnement, ils parviendront à faire de la propriété de Coluche une sorte de « Club Med », gratuit pour les potes. Trois maisons, un restaurant construit de planches et de bambous, un sentier conduisant à la mer, à peine défriché dans la végétation luxuriante.

Avant même que les travaux commencent, Michel profite d'un nouveau moment de répit dans son programme, pourtant chargé, pour retourner à Deshaies. « Son petit coin de paradis » devient presque une obsession. La presse, convaincue qu'il possède une véritable île, ne se gêne pas pour y faire allusion chaque fois qu'un article paraît sur lui. C'est mal interpréter ses paroles. Lorsque Michel annonce :

« Je vais dans mon île des Caraïbes », il faut traduire le mot « île » par « refuge » ; si le lieu est accueillant, la végétation luxuriante, le soleil toujours au rendez-vous, la maison, elle, dans son grand jardin, est bien modeste.

Coluche ne manque aucune occasion pour s'y évader.

Mais comment concevoir ce petit morceau de terrain perdu au bout des flots sans l'agrémenter de quelques accessoires ?

L'année suivante, Michel achète un catamaran. C'est un bateau de douze mètres de long sur autant de large, avec un pont d'une superficie de soixante mètres carrés. Le précédent propriétaire se trouve être l'un des frères Pajot. Mais, pour Coluche, pas question de faire de la compétition avec un voilier. Seules l'intéressent les petites balades en mer. Et si les potes sont de la partie, voilà une nouvelle image du bonheur qu'il va pouvoir réaliser !

En fait, Michel n'est pas un vrai adepte, mais tout le monde parle de voile autour de lui : Renaud vient d'achever la préparation de sa maison flottante ; son vieux copain, Alain Pellet, construit la sienne... Puisque la mer excite tout le monde, c'est que ça doit être chouette de vivre à bord d'un bateau ! Alors Michel a le sien... Mais ça ne dure pas longtemps. Il comprend vite qu'il a horreur de la voile et il s'énerve, surtout parce que « ça penche toujours d'un côté ou d'un autre. Pas moyen de se rouler un pétard sans en mettre la moitié à côté ! ». Et le pire, c'est qu'un voilier ne peut avancer que s'il y a du vent ! Or, à la Guadeloupe, il faut choisir entre le calme plat ou la tempête. Autant dire deux genres d'expériences qui ne sont pas très à son goût !

Bien sûr, il est toujours possible d'utiliser le

moteur de secours, mais il fait un bruit terrible et dégage une odeur dégueulasse.

Après plusieurs tentatives, Michel se lasse de son jouet et se débarrasse du voilier, sans avoir vraiment goûté aux joies de la mer.

Mais Michel ne renonce pas facilement à ses lubies :

« La voile, ça me fait chier. Mais il y a d'autres moyens plus sympas de traîner son cul sur les flots. »

A peine le voilier vendu, il retourne une fois de plus à Deshaies pour suivre l'évolution des travaux. Arrivé à Pointe-à-Pitre, il se met aussitôt en quête d'un nouveau bateau, à moteur cette fois. Il rencontre un vieux contrebandier d'armes qui lui propose un rafiot impossible, une sorte de vedette ultrarapide de quinze mètres dont Michel tombe immédiatement amoureux. Marché conclu ! Il le fait transformer en bateau-vacances et le rebaptise le *Johnny B. Good*. Le *Johnny B. Good* devient très vite célèbre dans tous les ports de la région. C'est le seul bateau « rasta », bariolé turquoise, vert et jaune. Un cauchemar hallucinogène pour tous les plaisanciers du cru, dont les yachts impeccables sont peints en blanc. A l'équipement sophistiqué des navires qui l'entourent, le bateau de Michel oppose, joyeusement, de vieux pneus en guise de bouée et une chaîne stéréo branchée sur deux haut-parleurs de fête foraine à la place du système de radio-navigation.

Pour s'occuper du *Johnny*, Michel crée une société à Anguila : La *Capt'ain cool limited*. Désormais, son bateau peut battre pavillon anglais.

« Toujours ça que ces enfoirés des impôts n'auront pas ! »

Ils l'auront d'autant moins que cette même année

le *Johnny B. Good* finira par exploser dans le port de Saint-Barthélemy...

Un bout de terrain à peu près aménagé sur une île, un bateau amarré dans la baie... Tous les éléments sont réunis pour passer le genre de vacances dont Coluche et ses potes, comme tout bon citoyen, ont toujours rêvé.

Aux alentours de Noël, la grande aventure commence.

Sont conviés à la fête, Ludo et sa femme, Jeff, le skipper, Francis, son adjoint, et une fille pour faire la bouffe. Michel invite aussi sa fiancée du moment, « la Grande Fred ».

Après huit heures de vol, Ludo et Peggy arrivent à Pointe-à-Pitre, vers onze heures du soir. Une chaleur moite, épaisse, leur tombe sur les épaules. La chaleur des tropiques ! Michel vient les chercher dans sa vieille Mercedes break. Une voiture d'un gris passé par le soleil, dont il ne reste que la tôle, le moteur, un plancher percé, et un pot d'échappement qui fait office de Klaxon. Dès que Coluche met en route, tout le monde se jette par terre, pensant qu'un coup d'État vient d'éclater. Sans parler de la remontée d'essence dans la caisse qui oblige tout le monde à voyager la tête à l'extérieur pour éviter de gerber.

« Elle vous plaît pas ma bagnole ? » ricane Coluche.

Il est tout heureux, exhibe un look d'enfer, avec sa chemise hawaiienne, son petit short, ses cheveux hirsutes et son visage mal rasé. Le vrai baroudeur des Antilles.

La propriété de Michel est carrément un morceau de jungle traversé par un chemin dallé. Sur le côté, une maison encore en construction, celle de Patrick. Un peu plus loin, la cahute du gardien, Roger. Comme d'habitude, celui-ci est devant sa porte,

Le Johnny B. Good, *rasta des mers. Il était équipé d'un sound-system capable de sonoriser toute la baie.*

Grand large, toutes voiles dehors.
Ici, Coluche, victime d'une insidieuse censure.

fatigué par le rhum. L'une de ses principales fonctions dans la propriété est de s'occuper « des fruits exotiques » poussant dans un carré de terrain bien déterminé. Puis la maison de Roland. Enfin, celle de Michel, en dur, dont l'avancée est constituée d'une immense terrasse en rotin.

Coluche fait faire le tour du propriétaire. Indique sa chambre à chacun.

« Pioncez bien, les mecs. Demain on s'arrache sur le *Johnny* ! »

Ce que tout le monde ignore, c'est que « le lendemain matin », dans l'esprit de Michel, ça veut dire minuit passé de cinq minutes.

Encore abrutis de sommeil, sans bien comprendre ce qui leur arrive, les invités se retrouvent à bord de la vedette rasta. Le projecteur du bateau éclaire la baie sous le ciel étoilé. A peine le moteur mis en route, Michel déclenche la sono. Les lumières s'allument à bord de tous les bateaux ancrés dans la rade où croise le *Johnny B. Good*. Les plaisanciers gueulent. Passé onze heures du soir, le reggae n'est plus du tout à leur goût... Coluche danse sur le pont. Cap sur la Martinique !

Michel, parfait dans son rôle de capitaine, distribue les quarts. Deux heures chacun. En fait, l'excitation du voyage aidant et la musique empêchant tout le monde de dormir, l'homme de quart a la chance de ne jamais se retrouver seul à la barre. Lorsque le soleil se lève, embrasant l'horizon, Michel, qui a fini par s'endormir sur le pont, se réveille tout excité :

« Putain, les mecs, regardez-moi ça ! »

Il secoue les flemmards, fouille les cabines. Personne n'a le droit de manquer le spectacle.

Les filles se mettent à la bronzette, les garçons à la pêche. L'océan est calme. Le bateau file ses six

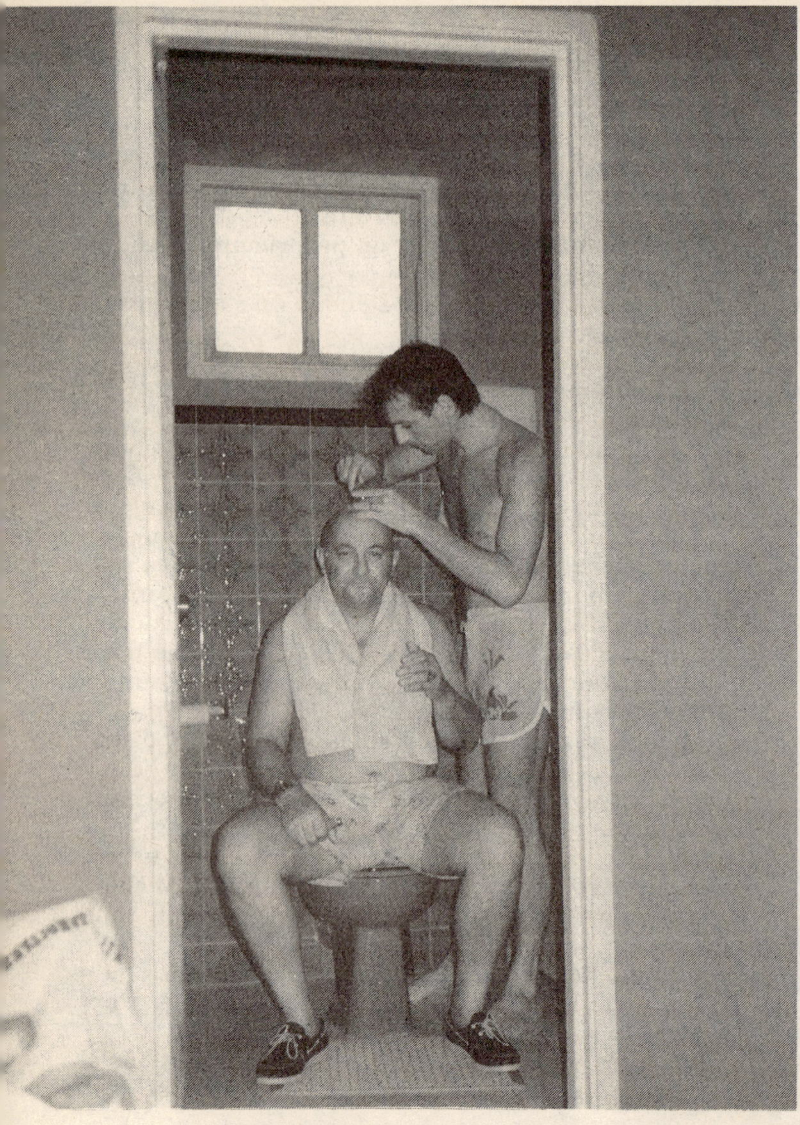

Bouddha sauvé des eaux.
La boule à zéro aux îles Union en août 1983.

nœuds tranquillement. Vers dix heures du matin, Michel, jouant les vigies sur grand-hunier, s'écrie : « Terre ! » Face à la proue se dresse la Martinique et le fameux rocher pointu bourré de canons, datant de l'époque des conquistadores.

Après une très belle manœuvre orchestrée par le skipper (Michel, sur le pont, donne les indications), le *Johnny* accoste enfin au ponton du club Méditerranée.

Une équipe de G.O., en train de préparer une sortie en mer avec leurs blaireaux de G.M. (Michel, qui fait semblant de ne rien comprendre aux diminutifs consacrés du club, les appelle les « Gentils Membres et les Gentils Orifices »...) le repère tel un pirate sur son bateau rasta et convie tout l'équipage au petit déjeuner. La bouffe est copieuse, comme toujours au club. Un peu plus tard, visite et déjeuner à bord du *Vendredi 13*, un superbe trois mâts en mouillage au bout du quai, départ vers Saint-Vincent et Sainte-Lucie.

A Bekoué, Coluche tombe amoureux d'une gamine de dix ans. La petite créole, accompagnée de son père et de ses frères et sœurs, se balade chaque soir sur une barque et fait la tournée des navires. Ils forment une sorte d'orchestre charmant, chantent des chansons du cru en s'accompagnant sur des instruments bricolés. Le youkoulélé de la gamine est en fait un bidon d'huile soudé à un morceau de bambou. Michel, ému, lui promet — dans son anglais de Montrouge — qu'il lui rapportera un vrai instrument lors de son prochain voyage.

Il n'hésitera pas, l'année suivante, à faire un détour de vingt-quatre heures, pour tenir parole et lui offrir un vrai youkoulélé, acheté chez Paul Beucher à Paris.

Chaque fois que le *Johnny B. Good* est à l'ancre,

l'un des plus grands plaisirs de Michel est de rendre visite à tous les bateaux en mouillage dans la baie. Il saute dans l'annexe du *Johnny* et part rendre visite à ses potes, des gens qui, comme lui, possèdent un bateau mais qu'il ne connaît pas. Il est détendu, heureux. Chaque jour, il redevient un peu plus lui-même, loin des contraintes des spectacles et des tournées.

Le voyage se poursuit jusqu'à Union, un groupe d'îles assez sauvages, où l'on pêche et l'on mange d'énormes langoustes. Le grand jeu de Michel, chaque soir, consiste à sortir deux paires de lunettes, l'une rose, l'autre verte, et à les superposer sur ses yeux au moment du coucher du soleil :

« Une chose que tu n'as jamais vue dans ta vie : le fameux rayon vert ! »

Michel adore le côté spectaculaire de la nature. Le rayon vert est un phénomène unique et particulier qui se produit à l'instant où le soleil passe sous l'horizon aux tropiques. Pas question de tirer un coup ou de faire la sieste à ce moment-là. Coluche a rendu le spectacle obligatoire.

De Union, retour à Deshaies pour embarquer Didier, sa femme, sa fille et le fils de Ludo. Le *Johnny* contient désormais onze passagers.

Le réveillon de Noël est prévu à Saint-Barthélemy, chez Jacquot, le pilote de Michel. Il ne reste plus que vingt-quatre heures pour s'y rendre. En chemin, Michel se souvient que Belmondo passe lui aussi les vacances sur son bout de terrain, à Anguilla. C'est sur le chemin. Le *Johnny B. Good* n'y fait qu'une halte de quelques heures, le temps d'organiser une partie de ski nautique avec Bébel ; mais Michel refuse d'y participer :

« Le ski nautique, je laisse ça aux cascadeurs. Aux mecs qui se font du blé sans se faire doubler... »

Il préfère rester sur le pont et compter les points. Comme le temps se gâte un peu, il est temps de lever l'ancre.

La tempête les surprend en pleine mer. Presque un cyclone. Sur un bateau comme le *Johnny*, des creux de trois ou quatre mètres, c'est plutôt folklo. Les femmes et les enfants, enfermés dans leurs cabines, se mettent sous Valium. Prendre son quart devient une vraie prouesse. L'eau s'infiltre de partout. Même les matelas se transforment en véritables éponges. Une seule vague de travers, et la vedette risque de se retourner comme une coquille de noix.

« On s'est gourrés de cap, se marre Michel. On est sûrement de retour à Brest... »

Tant bien que mal, le *Johnny* atteint Saint-Bart après une longue nuit d'angoisse. La plupart des navires ont déjà regagné le port pour éviter la tempête. Il ne reste plus aucune place près du ponton. Michel et ses dix amis sont obligés de jeter l'ancre au milieu de la baie et de gagner la terre ferme à bord de l'annexe. Malheureusement, la barque, déjà pleine d'eau, ressemble à une vraie baignoire. Autant y aller à la nage. Michel est tellement heureux de retrouver le plancher des vaches qu'il refusera, pendant plus de deux jours, de quitter sa chambre.

Pendant huit jours et huit nuits, la pluie ne cesse de tomber, ce qui ne se produit presque jamais dans la région. Le *Johnny* finit même, un soir, par arracher son ancre et, fidèle à sa réputation, par s'enfiler quelques mignons petits voiliers amarrés à proximité.

Sur terre, c'est la fête. Vu le temps, il n'y a rien d'autre à faire que bouffer, écouter de la musique, délirer un peu, organiser des jeux. Michel se met même à jeter les premières lignes d'un scénario basé sur l'aventure qu'il vient de vivre. Il appelle ça : « Croisière confort. » En gros, l'histoire d'un couple de blaireaux moyens qui part en croisière, style Paquet, après avoir gagné le gros lot au loto. Mais, au lieu d'embarquer sur un transat impeccable, le couple se retrouve sur un cargo dans les îles Corail et doit faire face à tout un tas de situations plus loufoques les unes que les autres...

Pour le Jour de l'an, Michel, déguisé en cuistot, prépare l'une de ses grandes spécialités : les spaghettis au caviar. Mais la couleur est tellement merdique que personne n'accepte d'y goûter. A part le chat.

Finalement, la pluie ne cessant pas, il est décidé de laisser le bateau à Saint-Bart et de regagner Deshaies en avion, piloté par Jacquot.

Les vacances s'achèvent. Coluche, toujours d'égale humeur malgré les avaries, la tempête, les heures de quart et un léger mal de mer vite surmonté, n'a eu, exceptionnellement, qu'un seul accès de mauvaise humeur durant tout le séjour. Ce matin-là, dans l'euphorie de l'appareillage, la fiancée du skipper — embarquée pour s'occuper de la bouffe, mais beaucoup plus acharnée à se bronzer qu'à rendre service — avait refusé de donner un coup de main. Exaspéré, Coluche l'avait saisie à bras-le-corps et balancée par-dessus bord.

« C'est dommage, c'est pas le jour des requins ; pour une fois, tu aurais pu donner à manger à quelqu'un. »

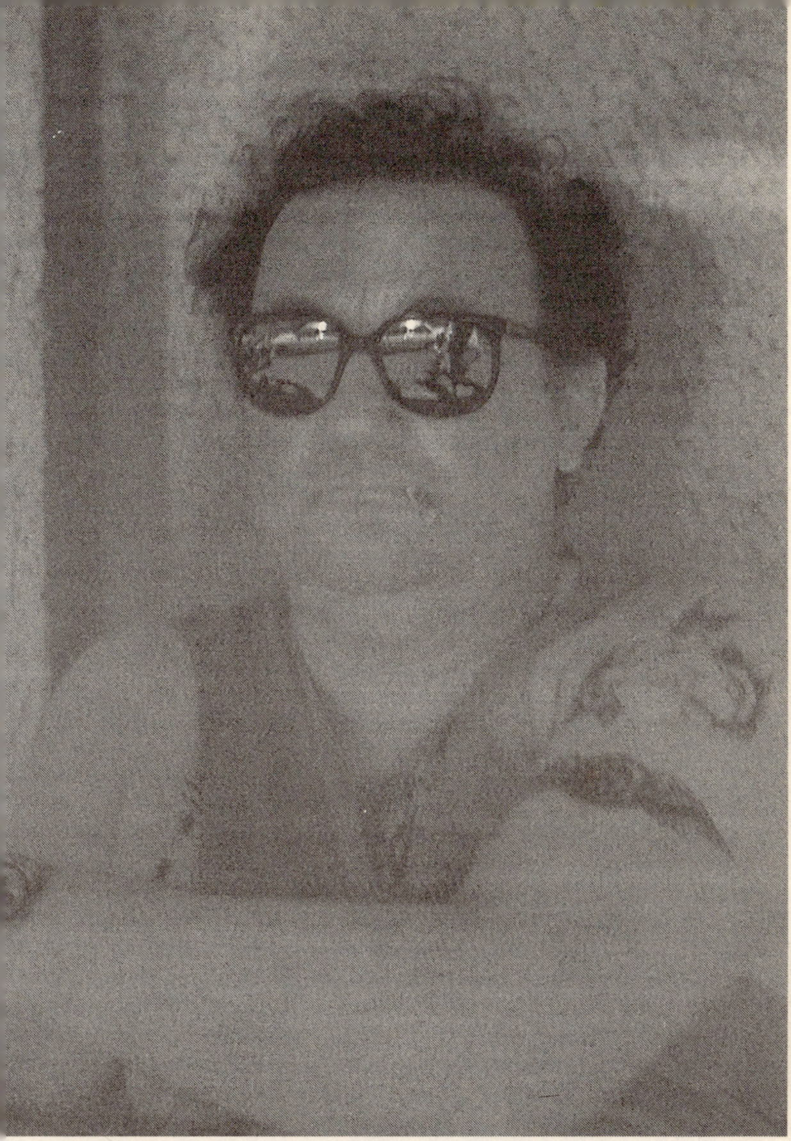

Le vrai baroudeur de l'océan Indien :
SOS 117, l'espion qui venait du tiède.

DEUXIÈME PARTIE

LES GRANDES VACANCES

La fameuse casquette de Coluche...
En Tunisie, sur le tournage de Deux heures moins le quart avant Jésus-Christ *en 1982.*

IL EST PLUS FACILE DE FAIRE PLEURER QUE DE FAIRE RIRE !

« TU vois, Michel, si j'étais toi, je placerais ma caméra plutôt là, derrière le talus. Tu aurais une vue plongeante, avec le village en dernier plan et...

— T'occupe pas de ça ! La caméra je la veux de ce côté. J'en ai rien à foutre du village, c'est sur le canasson que je veux cadrer ! »

Pour la vingtième fois de la journée, le conseiller technique se résigne d'un haussement d'épaules. Michel écarte le directeur-photo et se colle à l'œilleton.

« Un peu plus à gauche, ou alors change d'objectif. J'y connais rien à tes machins, mais je suis sûr que tu peux faire plus large... »

Avec *Vous n'aurez pas l'Alsace et la Lorraine*, Coluche tourne son premier long métrage en tant que réalisateur-acteur-scénariste. Et la patience n'a jamais été son fort... A peine l'assistant cameraman soulève-t-il le trépied pour satisfaire à son désir que Michel râle de nouveau.

Deux heures moins le quart avant Jésus-Christ.

« Plus vite, on perd du temps ! »

Le seul domaine auquel il se garde bien de toucher, sur un film, c'est celui de l'argent. *L'Alsace et la Lorraine* est une production indépendante, mais Michel a refusé de démarrer tant qu'au moins une partie des thunes ne se trouverait pas sur le compte en banque de la société. Y compris son salaire.

« Je joue, et en plus je dirige, donc je travaille, donc on me paie. Si c'est pour toucher mon fric dans trois ans, ça m'intéresse pas... »

La réglementation du C.N.C.[1] veut que, tournant

1. C.N.C. : Centre national du cinéma.

son premier film, il s'accompagne d'un conseiller technique, autrement dit d'un réalisateur confirmé, avec sa carte du centre et tout...

Mais Michel a des idées tellement précises que le malheureux ne fait que de la figuration du mauvais côté de la caméra.

« Le cinéma, c'est un boulot de fainéant », a toujours râlé Coluche alors qu'acteur il était contraint, comme les autres, à des journées entières d'attente pendant la préparation des plans.

Rien ne l'énervait plus que d'être prêt et de devoir dépendre des caprices d'un technicien. Surtout d'être en place, concentré, et de s'entendre dire :

« Attends, l'éclairage ne va pas. Retourne au maquillage, on t'appelle dans cinq minutes ! »

Ou bien de recommencer le plan plusieurs fois :

« Il n'y a que la première et la deuxième prise de bonnes. Les autres, c'est pour la frime, ou parce que quelqu'un a mal fait son boulot ! »

Quant au texte, il ne l'apprenait qu'une minute avant de le jouer, et encore, avec quelques adaptations de son cru.

Ces attentes, Michel les mettait donc à profit pour se « rencarder », c'est-à-dire pour observer le travail des autres. Avec, à son actif, *Le Pistonné, L'Aile ou la cuisse, Les Vécés étaient fermés de l'intérieur* et la série télé : *La Croisière jaune*, il se considère, à juste titre, comme un peu mieux qu'un débutant. Et, selon sa vieille habitude, il se protège de l'inconnu et règne sur le plateau par l'agression...

« Vous me gonflez ! C'est pas parce que j'ai une idée différente de la vôtre que la mienne est mauvaise. J'ai envie de faire des trucs et je les fais, même si ça ne vous plaît pas ! » *Vous n'aurez pas l'Alsace et la Lorraine* est un film de cape et d'épée, un long métrage historique et comique auquel

Michel a appelé tous ses potes à participer. Sont présents, autour de lui, ses complices du Café de la Gare, Lanvin, Jugnot, Lamotte, Anémone mais aussi Coco, la sœur de Miou-Miou, qui fait office d'habilleuse, Ludo qui se joint à la bande et rencontre Michel pour la première fois, Jean-Mi, Bouboule, Patou et d'autres... L'équipe est fluctuante, car Coluche traverse sa période « je vire et je rembauche ».

La vie, sur le plateau, s'est organisée dans l'anarchie la plus totale. Certaines scènes nécessitent la présence de deux cent cinquante figurants, que Michel organise comme un vrai général d'armée. Les seuls qui l'impressionnent vraiment, ce sont les cascadeurs. Lui-même a le goût du risque mais sait qu'il ne parviendra jamais à les égaler.

Les extérieurs, après toute une série de repérages folkloriques, se déroulent dans la région bordelaise de Langon, près d'un petit village nommé Saint-Macaire, où Michel a loué une immense villa pour loger tous ses potes.

Le soir, dès l'arrivée des rushes, c'est la fête. Tout le monde est convié au visionnage des plans tournés la veille, y compris la plupart des figurants qui emplissent la vieille salle de cinéma du coin. Michel a toujours eu horreur des rushes, mais, comme réalisateur, il est bien obligé de s'avaler cette corvée. Il transforme donc ce rituel quasi religieux en chahut de collégiens où insultes et commentaires fusent d'un côté à l'autre de la salle...

Une méthode de travail comme une autre, qui a l'avantage d'inciter tout le monde à se considérer partie prenante.

« Regardez bien, et refaites pas la même connerie demain ! »

Après les rushes, le dîner. Le problème, c'est que

Michel ne se déplace jamais seul. Il a beau être dur pendant les heures de travail, ses potes sont ses potes et doivent obligatoirement profiter des mêmes avantages que lui. Que les groupies du coin l'invitent chez eux, et ils sont sûrs de se retrouver au minimum trente à table.

Le tournage de *Vous n'aurez pas l'Alsace et la Lorraine* aboutit malheureusement à un résultat médiocre. « Un film à demi réussi ou à demi raté selon le côté où l'on se place. » En fait, le véritable premier échec de la carrière de Michel.

« Le plus difficile, dira-t-il, c'est pas d'être une vedette, c'est d'être un débutant. »

Un échec qui le marque au point de lui enlever toute envie de recommencer pareille expérience. Qu'on ne lui parle plus de réalisation : ça va, merci, il a déjà donné !

Comme acteur, par contre, il est à son aise. Il ne lit jamais ses scénarios — même avant d'accepter un contrat, c'est une tâche qu'il confie à l'un ou l'autre de ses hommes de confiance —, utilise bien souvent un tableau noir pour y condenser l'essentiel de son texte (ça lui évite de l'apprendre), mais, tout en râlant, maugréant, se comporte en grand professionnel. Toujours à l'heure, concentré, prêt pour le maquillage, prêt à jouer, il sait d'instinct trouver le ton juste. Ce n'est pas à cause de lui que la production perdra une minute de tournage ! Une journée entière, par contre, pour un caprice de star... pourquoi pas !

Pendant le tournage du film de Bertrand Blier, *La Femme de mon pote*, Coluche est en train de répéter une scène lorsque le réalisateur intervient :

« Déplacez-vous, on ne voit pas assez le panneau "Courchevel", c'est la station qui nous sponsorise. »

Volontairement, Michel s'en éloigne.

« Qu'est-ce que tu fous ? gronde Blier. Je t'ai demandé d'être près du nom de la station.

— Pas question, répond Michel. Je touche pas un rond sur cette affaire-là. Courchevel aura pas ma gueule dessus ! »

S'ensuit toute une série de palabres. Michel s'obstine. Refuse de tourner. Puis, finalement, quitte le plateau.

Une journée entière de perdue. Le lendemain, la scène est retournée sans le panneau, ce qui vaudra quelques déboires à la production...

Quant à Michel, sa conduite a-t-elle été dictée par une sorte d'instinct ? A peine, en effet, se retrouve-t-il au chalet que deux hommes sonnent à la porte. Ce sont des émissaires de Valéry Giscard d'Estaing. L'ancien président, apprenant que Coluche tourne à proximité de sa maison, souhaite le rencontrer et l'inviter chez lui. Invitation que Michel accepte évidemment avec empressement, bien que décidé à ne plus mettre son nez dans la politique avant longtemps...

De 1981 à 1985, le cinéma est pratiquement la seule activité de Michel. Plus de disques, plus de music-hall, et son expérience « démocratique » l'a dégoûté de toute activité publique.

Son métier d'acteur, par contre, lui paraît comme un refuge. Il mène, en grand professionnel, une carrière-abri, où il peut donner le meilleur de lui-même tout en restant protégé par sa petite famille. Un cheminement qui le conduira, en quelques années, à être le comédien le mieux payé en France...

Depuis les élections, Michel traverse, à sa manière, une sale période. Son divorce l'a marqué. Lui qui ne supportait pas la présence de drogués autour de lui et pouvait virer quelqu'un pour une ligne de coke, s'est fait à son tour piéger par la « poudre ». Le pire s'est situé pendant le tournage du *Maître d'école*, sans doute à cause de la présence de cent vingt gosses chaque jour sur le plateau, qui lui mettaient les nerfs à vif alors qu'il était en pleine rupture avec sa femme. Et puis l'abus d'héroïne, pour oublier, pour tenir... Un tournage dont Michel se souviendra comme d'un enfer, malgré le soutien de Claude Berri qu'il considère comme le meilleur producteur-réalisateur français.

Depuis, il remonte lentement la pente. Ces années-là, avec le recul, Michel les considérera comme des « grandes vacances de la tête ». Loin des combats, des prises de position acides dont il a le secret, l'univers des plateaux et la fête permanente qui l'environne, comblent en tous points son aspiration provisoire à une forme de repos.

« Reagan était un mauvais acteur, dira-t-il. Il est devenu président. Moi j'ai pas pu être président, je veux devenir le meilleur acteur possible... »

Michel ne lisant pas les scénarios de ses films avant d'accepter d'y participer, c'est un tout autre critère de choix qui intervient dans sa décision. L'idée globale, le thème de l'histoire, dont il s'informe, bien sûr. La personnalité du réalisateur (Oury, Berri, Zidi... qu'il adore). Mais aussi le lieu du tournage, l'occasion de visiter un pays qu'il ne connaît pas encore, ou d'autres lubies tout à fait personnelles.

« Mon prochain film, je le tourne avec Valérie Mairesse, confie-t-il juste avant de s'envoler pour New York avec l'équipe de *Banzaï*. Cette fille a un cul et des seins terribles... Qu'est-ce qu'elle doit être bonne ! »

Son rôle dans *Banzaï*, d'ailleurs, Claude Zidi l'a

persuadé de l'accepter en jouant sur sa corde sensible : quinze jours de tournage à New York, le reste du temps à Hong-kong !

Et Michel ne sera pas déçu...

A peine débarqué à New York — où une partie de l'équipe s'installe à l'hôtel Chelsea et l'autre à l'Algon Queen, deux lieux « chauds » de « Big Apple » — Michel se jette dans un taxi pour visiter le Bronx. Son chauffeur l'arrête à la limite du quartier interdit.

« A partir de là, vous trouvez une autre voiture. Moi, j'ai pas envie de me faire descendre ! »

Trop compliqué pour Michel ! Il garde son taxi et lui ordonne de faire demi-tour.

Dès le lendemain, la production lui procure une énorme limousine à l'américaine. Une six portières, blanche, avec tout le confort. Téléphone, télévision, bar, moquette... Michel s'installe à l'arrière, à l'abri derrière les vitres fumées, et demande qu'on le conduise à Harlem. Cette fois, le chauffeur obéit, mais sur les chapeaux de roue. La traversée du quartier noir, encore plus dangereux que le Bronx, s'effectue sans un arrêt.

« Ne descendez surtout pas, lui confie le chauffeur de la production. Les Blancs ne sont pas très bien vus dans le coin... »

Deux expériences qui forcent Michel à être plus circonspect dans ses choix d'excursion. Il adore cette limousine. Très vite, elle devient sa seconde résidence new-yorkaise, d'autant que, malgré ses exigences, personne n'a été capable de lui trouver une maison à louer. Et Michel a horreur d'habiter à l'hôtel. Les parties s'organisent donc dans la voiture. Il y reçoit ses potes, refait cent fois le tour

Au vrai chic coluchien : chapeau de paille et foulard « souvenir de Paris ». Un gag en soie.

de Manhattan, et s'offre même le luxe de se faire « câliner » sur le siège arrière en descendant la Cinquième Avenue...

A Hong-kong, c'est un tout autre paradis qui l'attend. A chaque coin de rue s'ouvrent des boutiques gorgées de gadgets électroniques. Michel est comme un fou. Il achète tout ce qu'il trouve : la montre qui dit bonjour en trois langues, la télévision couleur qui tient dans la poche, le robot qui saute en l'air quand on le siffle, la chaîne stéréo portable avec walkman incorporé... La plupart ne sont pas pour lui. Il songe déjà à la tête de ses copains quand il rentrera à Paris, les bras chargés de cadeaux introuvables en France. Malheureusement, dans les quatre jours suivant son arrivée, sa chambre d'hôtel est cambriolée. Furieux, Michel se crée un tee-shirt adapté à la circonstance : sur un maillot de corps, il écrit en français et anglais : « Ne restez pas dans cet hôtel, ce sont tous des voleurs »...

En Tunisie, par contre, les producteurs de *Deux heures moins le quart avant Jésus-Christ*, conciliants, lui dénichent la plus belle villa disponible à Monastir. Celle-ci appartient à Mohammed M'Zali, Premier ministre tunisien. Michel est dans son élément : piano, salons démesurés, couloirs immenses desservant plus d'une douzaine de chambres, salles de bain au sol de marbre... A peine installé, il appelle ses potes. Non seulement ceux travaillant sur le film, mais les autres, qu'il convie à passer des week-ends entiers avec lui.

Maître des lieux, il pique les clefs de toutes les chambres, ce qui lui permet d'intervenir dans les ébats des uns et des autres à toute heure du jour et de la nuit. Avec l'âme de collégien qui le caractérise, Michel s'en donne à cœur joie. Selon son humeur, il déverse des pots de confiture entiers dans les draps des copains, pisse devant la porte de Ludo qu'il enferme et fait glisser l'urine dessous à l'aide d'une raclette, organise des parties de « chat » dont la conséquence est la destruction de meubles et d'objets contenus dans la villa... A la fin du film, la somme des dégâts entrera dans la rubrique « Divers ».

A Rome, c'est aussi une villa qu'il habite. Une grande demeure patriarcale perchée sur l'une des sept collines, à l'écart du centre de la ville. L'image que Michel a de l'Italie est très stéréotypée. Pour lui, son pays d'origine représente le Sud, la mer, un climat ensoleillé... vision confortée par les repérages effectués au mois de septembre. Il décide donc de s'y rendre en moto.

« On va partir en convoi ? demande-t-il à Ludo. Jean-Mi m'accompagnera en bécane et toi, tu suivras dans la Jaguar. »

Au convoi s'ajoutent un van Mercedes, bourré de matériel jusqu'à la gueule (matériel de musique, maquillage, effets personnels) et la Buick Century préférée de Michel. Guigui (le roi de la bricole aux muscles d'acier) est au volant de la camionnette ; Didier, le maquilleur, conduit la grosse américaine.

Lorsque la caravane s'ébranle, début décembre, un hiver particulièrement rude s'est abattu sur toute l'Europe.

De Paris à Cannes, la température oscille entre moins six et zéro. Même l'Italie n'est pas épargnée.

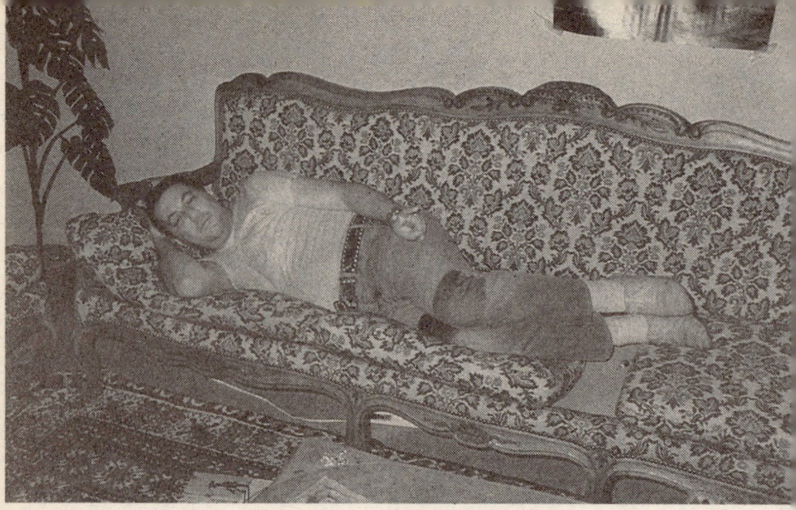

Au repos en Tunisie. Il aimait, disait-il, le confort.
Pas le luxe.

Changement d'uniforme : la salopette contre les galons.
Sur le tournage du Fou de guerre.

Le voyage idyllique qu'avait prévu Michel se transforme en campagne de Russie. A 110, le vent fouette avec la force glacée d'un blizzard. Autant rouler à 160, l'étape arrivera plus vite !

Car, malgré les conditions climatiques imprévues, Michel et Jean-Mi prennent leur pied. Lequel des deux craquera le premier ? Aucun !

Ce trajet, ils le vivent comme une aventure tandis que Ludo et la Grande Fred (fiancée de Michel) suivent derrière, confortablement installés dans la Jaguar. La bécane de Jean-Mi est une vieille Honda 750 avec guidon à mouffles incorporées bricolées maison. Celle de Michel est une Harley Davidson dont le réservoir contient à peine huit litres. Ils sont obligés de s'arrêter tous les quatre-vingts kilomètres et profitent de l'arrêt technique pour se frictionner et s'avaler un café chaud. Michel est parti de Paris en moto, c'est en moto qu'il veut arriver à Rome !...

Neuf heures pour se retrouver à Cannes, puis sept heures et demie, le lendemain, pour atteindre Rome. Seize heures et demie de calvaire, malgré les combinaisons rembourrées, les pulls, les bottes fourrées et les gants doublés.

Sa période italienne, Michel va la vivre avec intensité. Grâce à Dino Risi, réalisateur du *Fou de guerre* et du *Roi Dagobert*, Coluche renoue avec ses origines. Il ne parle pas un mot de rital mais, comme il le dit lui-même, « Rome ne s'est pas fait en un jour », et la partie gestuelle du langage est une chose qu'il appréhende parfaitement.

« Ici, je suis chez moi, annonce-t-il à qui veut bien l'entendre. Mon père était napolitain et je m'appelle Colucci ! »

Le premier des deux films est produit par Jean-Pierre Rassam, personnage haut en couleur, sorte de génie du cinéma.

L'alliance Rassam-Coluche prend vite des tournures de catastrophe naturelle. Grâce à eux la villa devient le centre « sons et lumières » de la ville.

Les nuits de folie se succèdent sans tout à fait se ressembler tant ils rivalisent d'imagination et d'initiative dès qu'il est question d'organiser le bordel.

Avec Ludo, Didier et Moustique, le photographe, Coluche profite du tournage à Rome pour créer un groupe musical : la bande « sol » (comme do-ré-mi). La septième colline de la Ville éternelle retentit jusqu'à l'aube de rythmes africains et de sons cacophoniques. Une seule règle musicale : faire le plus de bruit possible ! Enterré le hard-rock, place à la Coluche-Music et gare aux tympans !...

Le Roi Dagobert achevé, Michel enchaîne sur *La Vengeance du serpent à plumes* de Gérard Oury. Tournage au Mexique. Puis c'est de nouveau l'Italie, et enfin l'Égypte. Dino Risi — que Michel appelle Dottore, titre mérité car le réalisateur est un authentique psychanalyste reconverti — a fait appel à lui pour incarner le personnage d'Oscar Pili dans *Le Fou de guerre*... Michel va mieux. Il a arrêté la dope et, pour la première fois de sa vie, lit le script avant de donner son accord et de commencer le tournage. Et, de tous les films qu'il a tournés, *Le Fou de guerre* est sans doute celui qui l'excite le plus. Il aime le climat, l'histoire, le rôle de schizophrène qu'il doit interpréter. Tourner une seconde fois avec Risi le ravit. Et il sent que son rôle va lui permettre d'accomplir une performance d'acteur similaire à celle de *Tchao, Pantin*. Le comique retenu, un nouvel art en lequel s'exerce Coluche.

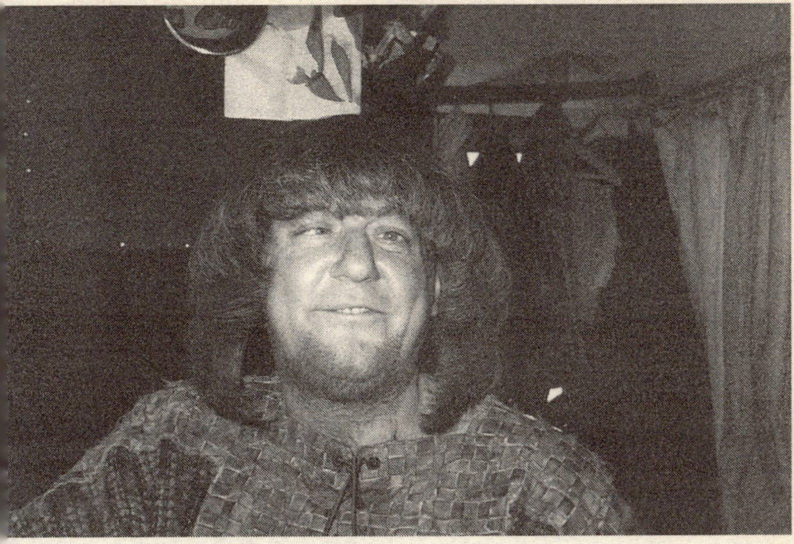

Une pose familière du bon roi Dagobert :
la perruque à l'envers.

« Il est plus facile de faire pleurer que de faire rire », a-t-il l'habitude de dire.

Mais que penser de ce pouvoir exceptionnel qu'il s'est découvert, que seuls possèdent les plus grands et qui consiste à faire rire des instants les plus tragiques, sans une grimace ni un grincement...

Le tournage du *Fou de guerre* se déroule mal. Certaines scènes sont retournées, d'autres sautent. Le montage n'est pas tout à fait conforme à ce qu'espérait Risi... A sa première présentation, pendant le festival de Cannes, le film est boudé par la critique. Les réactions du public sont mitigées. Seul Michel tire son épingle du jeu. Lui, l'antimilitariste, interprétant un officier fou, chirurgien malhabile et meurtrier par excès de pouvoir.

Coluche, au plus profond de sa détresse, s'était juré de devenir « le meilleur acteur possible ». En lui décernant un César pour sa prestation dans *Tchao, Pantin*, les professionnels du cinéma l'ont consacré « meilleur acteur français ».

Avec *Le Fou de guerre*, Michel sait qu'il vient d'atteindre une nouvelle dimension... Désormais, tous les rôles lui sont possibles.

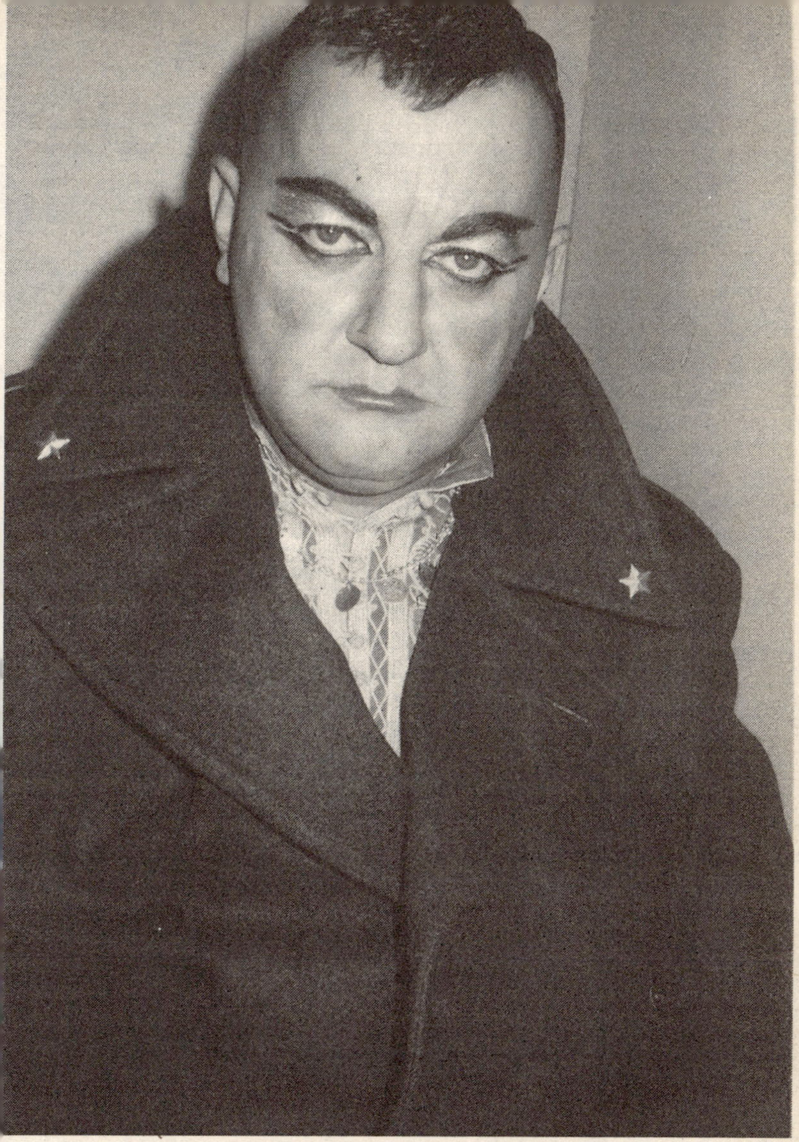

Le regard flou du Fou de guerre.
1985. Il était le comédien le mieux payé de France.

DANS QUEL MERDIER ON S'EST FOURRÉS !

1983, nouveau départ, nouveau voyage, mais cette fois pour la Thaïlande. Michel adore les Jaunes. Dès qu'on lui parle d'Asie, il se passionne, interroge, demande des détails. Alors, la Thaïlande ! Il paraît que c'est le paradis des célibataires !

Le périple est organisé par Christian, secrétaire de Michel et grand spécialiste de la région. Nous sommes neuf au voyage : Didier, Jacquot, Ludo, Michel, Christian et nos gonzesses. Avant de partir, Michel a exigé de connaître les bonnes adresses. Le regard pétillant, il nous a annoncé :

« Dès qu'on débarque, on se fait travailler un peu ! »

Et, à peine arrivés, nous louons un minibus qui nous conduit, sur-le-champ, au « body-body building », immeuble en plein centre de Pataya, à cent bornes de Bangkok. Construit par les Américains pendant la guerre du Vietnam, le bordel était alors un vrai paradis pour G.I.'s Une usine à foutre dans laquelle les morpions se bagarraient avec les staphylos. Depuis le retrait des troupes yankees, la ville de Pataya a conservé sa vocation « touristique » en aménageant divers bars à putes (tenus souvent par des Français), des salles de boxe thaï, des restaurants intimes et le « body-body building » qui fait l'orgueil de la municipalité.

A l'intérieur du bloc de béton, des centaines de prostituées s'alignent dans une cage de verre, assises sur des gradins. Elles portent un numéro qu'il suffit d'annoncer pour pouvoir s'isoler avec elles dans une cabine.

Coluche est excité comme un pou. Tout le monde d'ailleurs, même les filles malgré les fatigues du voyage et du décalage horaire. Les tarifs, défiant toute concurrence, permettent à n'importe quel touriste en goguette de renouveler plusieurs fois l'expérience. Trois cents francs environ pour une heure de « service complet ».

Chaque jeune fille est habillée à la chinoise, du sommet de la tête à la pointe des pieds ; elles sont très belles, admirablement maquillées, car, après chaque séance, elles peuvent retourner dans leur local aux murs couverts de glaces, de lampes et de cosmétiques, pour le raccord make-up.

Michel entraîne sa fiancée de voyage un peu à l'écart et entame un petit dialogue avec elle ; il veut la convaincre de l'accompagner dans une des cabines avec deux masseuses.

« Ne le dis pas aux autres, mais ça me rassure ! »

Il parvient à ses fins et retourne devant la vitrine pour choisir avec elle les deux filles.

« Goinfre, lui lance Ludo. Trois à la fois, tu crois que tu vas assurer ? »

La cabine ressemble à une grande salle de bain carrelée au milieu de laquelle trône une gigantesque baignoire flanquée d'un matelas pneumatique et d'une table de massage. Tout a été modernisé depuis la fin de la guerre. Un haut-parleur dévide gentiment une petite musique orientale. Les deux filles qu'ont choisies Michel et sa « fiancée » sont bien évidemment superbes. Menues, des seins d'adolescente, de jolies fesses fermes et rondes, des hanches étroites d'Asiatique, un adorable minois de geisha. Elles associent douceur, gentillesse et professionnalisme avec un grand naturel.

Coluche et sa copine se laissent déshabiller et les petites masseuses font, à leur tour, tomber leurs vêtements, apparaissant vêtues d'un simple string. Première étape : le bain.

Le lavage s'effectue en profondeur. Toutes les parties du corps y passent tandis qu'elles roucoulent et minaudent, ponctuant chacun de leurs gestes par des petits cris extatiques.

Mimi, livré à ces mains farfouilleuses et manucurées, se paie, bien sûr, comme tout le monde, une gaule d'enfer. Les petites font semblant d'apprécier. Rires et exclamations. Comme si les coquines étaient surprises.

Sitôt Michel et sa compagne nettoyés dans les moindres recoins, les petites les font passer sur le matelas pneumatique. Ils s'y allongent. Pendant ce temps, elles préparent la mousse. Et ça dure. Le corps de Mimi disparaît bientôt sous un véritable manteau savonneux.

Commence alors le clou de la soirée : le body-body.

D'abord avec les mains, les pieds, puis les seins. Les deux masseuses ôtent enfin leur string et accomplissent leur spécialité : le massage intégral, corps contre corps...

On laisse à l'imagination du lecteur la suite des événements...

Nous nous retrouvons tous dans le hall, béats et détendus.

« C'était musclé et mousseux, apprécie Michel en connaisseur. Mieux que du champagne. »

Le séjour était initialement prévu à Bangkok mais, compte tenu de l'attrait de Pataya (qui allie la frénésie d'une vie nocturne hallucinante aux agréments d'une station balnéaire ultra-moderne taillée dans l'enclave d'une baie superbe), nous décidons d'y établir notre port d'attache. A Pataya, tout est à louer. Appartements, filles, garçons, voitures, avions, pédalos, scooters marins...

Mais le « body-body building » n'est pas étranger à notre décision. Après avoir goûté à ses joies mousseuses, pas un d'entre nous ne sera plus capable d'y résister durant les quinze jours du séjour.

Le cri de ralliement de Michel devient :

« Si on allait se faire faire un shampooing-mise en plis entre hommes... »

Les filles, de leur côté, qui ont découvert un service particulier réservé aux clients de l'hôtel, n'hésitent jamais à faire monter dans leurs chambres quelques masseuses à domicile.

« Tu te rends compte, les vicelardes, rigole Michel. Elles en profitent pendant qu'on a le dos tourné sur notre matelas pneumatique ! »

Il n'est pas rare que, nous étant séparés pour « aller faire quelques courses », « rapporter quelques souvenirs », « se promener au bord de l'océan », nous nous retrouvions, tout à fait par hasard, les cinq mecs, dans les couloirs obscurs de l'usine à fantasmes.

Mais Pataya a d'autres attraits encore. Michel est fasciné par les combats de boxe thaï auxquels il nous entraîne presque chaque soir pour parier.

Courses de scooters marins, de motos (les plus belles bécanes, à Pataya, coûtent à peu près cent cinquante francs la journée), farniente, virées nocturnes dans les « bordels secondaires » de la région... Les vacances s'écoulent à un rythme infernal.

« Dorénavant, dans les œufs, je mangerai plus que le jaune ! » conclut Michel que son périple « en Orient » est loin d'avoir déçu.

Dans la tête de Michel trotte toujours le scénario qu'il a pondu par une nuit de délire à Saint-Barthélemy : Croisière confort. C'est peut-être un prétexte pour une nouvelle virée. Toujours est-il qu'au mois de juin, tout de suite après le tournage de *Tchao, Pantin*, il nous annonce qu'il veut retourner aux Antilles pour y faire quelques repérages.

Avec l'accord de Claude Berri, qui envisage de produire le film, Coluche débauche aussitôt Jacquot et son avion, Ludo, dont la fonction habituelle est d'organiser ses « loisirs », et leurs femmes respectives.

Le départ est prévu de Porto Rico où nous nous rendons tous les six par le même avion. Budget des repérages : trois cent cinquante mille francs... De quoi se fendre la gueule !

Premier envol, direction Haïti. Porto Rico, l'île la plus américaine des Antilles, ne laisse de souvenir mémorable à personne, sauf à Michel qui prétend y vouloir finir ses jours.

« Quand j'en aurai marre, je m'achète un garage ici et je vis pépère, au soleil, entouré de gonzesses... »

L'avion de Jacquot est un petit Cessna huit places. Coluche s'installe devant, à côté du pilote.

« S'il tombe de fatigue, je pourrai prendre le manche. »

S'il ne possède pas son brevet, Mimi sait néanmoins piloter et il lui arrive, de temps en temps, de prendre les commandes. C'est lui, d'ailleurs, qui nous posera en Haïti, en souplesse, après une approche sans faute qui lui vaudra nos exclamations. Mais, en altitude, Michel souffre d'un problème intestinal. Un vrai supplice pour les passagers ! Au-delà de deux mille mètres, il n'arrête pas de péter.

Au moment de survoler Saint-Domingue, l'odeur à bord est tellement insupportable, que tout le monde (surtout les filles) se met à protester en se bouchant le nez.

Lui, hilare, affirme qu'il n'y est pour rien. Que, pour une fois, il n'a rien fait.

« Je vous dis que c'est le chauffage ! On est obligés d'en mettre parce qu'on se gèle le cul. »

Personne ne le croit. Finalement, énervé, Michel se lève et, malgré l'altitude, ouvre le déflecteur. Aussitôt, la dépressurisation crée une véritable tornade à l'intérieur de la carlingue. Les cartes de jeu volent, les joints en cour de fabrication se répandent sur la moquette... Heureusement, à trois mille mètres, ce n'est pas trop dangereux !

Après quatre heures de vol, à neuf heures du soir, nous pénétrons en Haïti dans un aéroport pourri fait de cabanes en bois. Les douaniers sont encore en train d'éventrer les valises d'un précédent vol. Ils mettent de côté toute la bouffe que de pauvres Haïtiens ramènent « illégalement » de l'étranger : ces pauvres gens n'ont que le droit de mourir de faim ! Premier choc dans ce bled. Nous profitons alors de la pagaille provoquée par les deux cents passagers précédents et nous passons la douane très rapidement, sans problème.

Devant les cabanes, des chauffeurs de taxi se battent pour nous conduire à l'hôtel Allison, qui nous a été recommandé. Nous traversons une bonne partie de ce que l'on pourrait qualifier de bidonville. Il y a un monde fou dehors, comme un soir de 14 Juillet à Paris : des gens mangent dans la rue, d'autres carrément dans le ruisseau. Qu'auraient-ils à faire chez eux ? D'ailleurs, certains n'ont même pas de maison.

Nous arrivons enfin à l'hôtel après avoir traversé un grand parc. La bâtisse est très belle, de bois blanc, style anglais, un hôtel colonial, sublime et incongru au sein de tant de pauvreté.

A l'intérieur, c'est l'opulence. D'énormes fruits rouges sur les tables, de l'eau qui coule en abondance, des moustiquaires devant toutes les portes, des chambres spacieuses. Nous sommes dans un bocal dont les parois nous protègent de la misère. Chacun de nous a sa suite, trois chambres et un salon, une terrasse qui domine toute la ville...

« Je voudrais une chambre avec vue sur bidonville », grince Michel, écœuré, qui se défoule par une note de cynisme.

Le lendemain, nous nous rendons à Port-au-Prince. Dans les rues circulent des bus multicolores, superbes, couverts de graffitis « Jésus, notre Sauveur », « Vive Jésus ! ». Mais à côté de cette brillante palette tout est dégueulasse ! Tout se vend en Haïti : le vieux citron pourri, l'orange moisie, les bananes trop mûres.

Au bout de deux jours, Michel en a tellement marre que nous décidons de repartir. Destination : la Jamaïque. Loin du Paradis terrestre supposé, malgré son nom magique, Haïti n'est à voir que d'avion. Encore ne faut-il pas savoir déjà ce qui s'y passe. Nous sommes donc tous très heureux de

Le Cessna en repérage aux Caraïbes :
trois pales et un bronzé.

quitter le sol. Avant de décoller, nous nous débarrassons de toute la monnaie locale qui nous reste en l'offrant à quelques gosses qui tendent la main, devant l'aéroport. Un rapide calcul nous permet de supposer qu'ils auront de quoi manger... pendant plus d'un an !

Par contraste, l'arrivée à la Jamaïque est extraordinaire. Comme Michel, nous adorons le reggae et la pensée de découvrir la région où cette musique est née, où Bob Marley a vécu, nous excite depuis le début du voyage.

L'avion à peine arrêté, une voiture stoppe à ses côtés. Des types en descendent avec des bombes aérosol pour désinfecter la carlingue : les Jamaïcains craignent plus que tout les maladies venant des pays étrangers. Ils foutent donc un coup de jet dans la cabine et dans le salon et nous enferment pendant cinq minutes à l'intérieur de l'avion.

« Ils nous prennent pour des mouches à merde, avec leur Fly-tox », ricane Michel.

Puis c'est l'épreuve de la douane. Pourquoi venons-nous à la Jamaïque ? Combien de temps allons-nous y rester ? Espérons-nous y trouver de l'herbe ? Etc. Deux heures d'enquête au total, ceci dû au fait que, dans cette île, de nombreux petits avions pratiquent un commerce illicite, se posant sur quantité de terrains improvisés — parfois en pleine montagne ! ; il y a des zincs planqués partout, des trafiquants à chaque coin de rue.

Enfin, on nous laisse sortir ! Il nous faut alors louer un minibus pour ne pas avoir à nous séparer — qui plus est, Michel adore ce moyen de transport ! — et, pas très loin de Montegobay, nous découvrons à louer une maison assez chère, mais située au bord de l'eau, avec, en prime, une vache pour brouter le gazon !

Malheureusement, à l'intérieur, la villa nous déçoit. Elle est un peu « ripoue ». Michel accepte d'y passer la nuit puisqu'on ne peut plus faire autrement mais n'a pas l'intention d'y rester très longtemps.

« A moins qu'on mette la vache dedans et qu'on s'installe à l'extérieur ! »

Le lendemain matin, réveil en fanfare. Toujours le premier levé, Mimi nous sort du lit :

« Vous êtes conscients, les mecs, qu'on va avoir des problèmes de thunes ? »

Il secoue Ludo un peu plus fort que les autres.

C'est lui qui tient la caisse d'habitude. En faisant quelques calculs, Coluche s'est rendu compte que nous arrivons au bout de nos réserves.

« Tout se paie en dollars dans la région. On a l'air de cons avec notre fric français. Il faut que j'aille faire un tour à New York d'urgence si on veut pas finir par faire la manche... »

Il réserve alors son avion par téléphone et nous donne rendez-vous pour le soir même. A peine une heure plus tard, nous l'accompagnons à l'aéroport. Rapide et efficace : c'est la devise de Coluche.

Tandis que Michel remplit son portefeuille dans une banque new-yorkaise, Ludo part en chasse de la maison sympa que Coluche nous a demandé de dénicher. Il finit par découvrir la villa de rêve, énorme, style californien. Un rêve de milliardaire, avec piscine, golf, tennis, vue sur la mer, maître d'hôtel en uniforme — pantalon noir, chemise blanche, gilet, nœud pape... Ça, c'est un truc qui va plaire à Michel... — et tout le petit personnel.

Le soir même, Michel rentre de New York. Les bras chargés de cadeaux, comme à son habitude. Il ramène, entre autres, un poste cassettes stéréo, et une petite télé portative « pour l'avion ».

« Super, la maison ! C'est bien, les mecs, exactement ce que je voulais ! »

Puis il découvre Georges :

« Demain, Georges, tu t'habilles relax. En short ou à poil, je m'en fous, mais tu vires ton déguisement d'opérette ! »

Heureusement, le maître d'hôtel est le roi du cocktail. Michel lui pardonne vite son air coincé. Attitude qu'il perdra bientôt à notre contact pour révéler sa vraie nature, un tantinet efféminée...

Dès le lendemain après-midi, Jacquot propose de nous emmener faire la descente de la Rivière

Sacrée. Une aventure exceptionnelle, nous promet-il, un peu comme dans le film *Délivrance*. Lui, qui l'a vécue, en garde, en tout cas, des souvenirs exceptionnels.

« Enfoiré ! » bougonne Michel une fois arrivé sur la berge d'où est donné le départ.

A peine sommes-nous installés sur les radeaux de bambou qu'éclate un orage tropical. De véritables trombes d'eau nous tombent sur la tête.

« L'air pur, les bananiers et le soleil, c'est ça, hein, Jacquot ! » continue de râler Michel qui n'aime pas beaucoup ce genre d'excursions.

Nos guides haïtiens font avancer les radeaux à l'aide d'une longue perche et tentent de nous abriter sous de pauvres bâches tandis que nous essayons de nous consoler en roulant des pétards détrempés et infumables. Enfin l'orage se calme et la descente peut reprendre. Michel organise la course et incite les rastas à pagayer de plus en plus fort, à prendre des risques, à s'engager sur de petits rapides parfois assez dangereux.

Autour de nous, la végétation nous étonne. Quantité de parfums agréables remontent à cause de l'orage. Nous avons le sentiment d'être de grands aventuriers du siècle dernier et de découvrir un nouveau monde, un territoire sauvage et inconnu. Et, soudain, après un coude de la rivière, à la surface de l'eau, nous apercevons un énorme nuage gris, très opaque : en face de nous, un nuage de moustiques ! Il y a là des milliards d'insectes. Les filles commencent à paniquer tandis que les radeaux s'enfoncent au milieu des bestioles. On ne peut guère se protéger d'autant plus que nous sommes tous torse nu. En quelques secondes, nos poitrines sont couvertes de piqûres. Nos mains devant notre visage nous évitent d'avoir les yeux mordus ou la bouche pleine de moustiques.

Heureusement, le terme du voyage n'est plus très loin...

Lorsque nous débarquons de nos radeaux, Michel est complètement bouffé par les insectes. Son dos est boursouflé, ses épaules ont doublé de volume, ses bras sont rouges de piqûres. Et il n'arrête pas de se gratter les burnes à travers son short trop large.

« Bon, après la rivière aux moustiques, qu'est-ce qu'on fait ? On se casse ? »

Mais l'aventure n'est pas terminée ! Lorsque nous récupérons notre minibus, c'est pour constater qu'il n'y a plus une goutte d'essence dans le réservoir. Le rasta chargé de descendre le véhicule jusque-là pendant qu'on ramait, s'est empressé de la siphonner. C'est pratique courante en Jamaïque, où l'essence vaut son pesant de pétrole.

La galère ! Michel, dans son coin, a dépassé les bornes de la colère.

« Ton coin pourri, Jacquot, tu ne me reprendras plus à y foutre les pieds ! »

Heureusement, la route n'est pas loin et une station-service est ouverte à moins d'un kilomètre. Jacquot est à nouveau de corvée.

De retour à la villa, Michel, écœuré, décide de ne plus la quitter.

« On a tout ce qui faut ici. Pourquoi se faire chier dans des pièges à touristes ! »

Il acceptera, cependant, de faire le tour de l'île en avion, histoire de repérer les petits terrains clandestins dont on nous a parlé.

Un chef rasta des environs, intrigué par notre présence, tourne autour de la villa depuis quelques jours. Michel adore les têtes nouvelles. Il l'invite donc à se joindre à nous. Ravi, le chef nous retourne la politesse et nous propose de l'accompagner dans son village.

L'accueil qu'il nous réserve dans sa case est digne d'un roi. Ce n'est pourtant qu'une hutte minable, dominant la vallée et dont la vue s'étend jusqu'à Cuba, illuminée chaque nuit, par des orages locaux. Là s'entassent toute sa famille et deux ou trois clébards.

Michel, vêtu de son éternel short à fleurs et de son tee-shirt découpé, s'assied sur les marches de la cabane, aussitôt entouré par les bambins de la tribu. L'un d'entre eux lui apporte sa guitare. Tout souriant, le chef rasta se met à chanter des chansons du pays. Sitôt le répertoire local achevé, Michel attaque sur un air d'Eddy Grant. Tout le monde connaît et, jusqu'à l'aube, nous chanterons avec les gamins de la tribu, les frères du chef et les grosses nounous qui composent son ordinaire.

Un autre soir, nous ferons un détour jusqu'à Sainte-Anne, village natal de Bob Marley. Détour que Michel ne manquerait pour rien au monde, d'autant plus que le chef nous promet de nous parrainer dans la boîte de reggae la plus populaire parmi les Noirs de l'île. La boîte, en plein air, est entourée d'un grillage qu'il faut soulever pour entrer — comme un poulailler ! La musique est tellement forte qu'elle s'entend à plus d'un kilomètre. C'est le début du « rapp ». Les Noirs ont découvert un nouveau son musical qui consiste à faire bouger le disque à la main, dans les deux sens, aux moments forts de la musique.

Nous sommes les seuls Blancs, au milieu de centaines de Blacks allumés qui, impressionnés par la présence du chef à nos côtés, nous accueillent comme si nous faisions partie de leur famille. Le rhum fabrication locale coule à flots.

« Ça nous change des Bains-Douches, observe Michel. Au moins les yeux respirent ! »

Un des rastas, apprenant que nous avons un avion, demande à Michel si le coucou est assez grand pour transporter cinq cents kilos d'herbe.

« Non, merci, répond Mimi qui se méfie. De l'herbe, on en trouve dans le monde entier. Cinq cents kilos, ça fait un peu beaucoup pour ma consommation personnelle... »

Cette soirée est une des dernières que nous passons à la Jamaïque car la fin du mois d'août approche et Michel propose de faire un petit tour par la Colombie, histoire de changer d'air.

« Et de faire encore quelques repérages », précise-t-il en riant.

Avant de partir, Michel se livre à son rituel, la distribution des cadeaux. Le chef rasta a droit à l'énorme poste qu'il a rapporté de New York. C'est la première fois qu'un membre de son village possède un appareil aussi sophistiqué. Les domestiques et le maître d'hôtel sont aussi de la fête et se partagent — en s'insultant — quelques centaines de dollars que nous leur distribuons en pourboire.

La suite du périple est prévu entre hommes. Nos femmes doivent être de retour en Europe dès le début de septembre. Nous les abandonnons donc à l'aéroport avant de monter dans le Cessna de Jacquot : destination Baranquilla, sur la côte colombienne, puis Maracaibo.

Pourquoi ces deux bleds ? Simplement parce qu'ils sonnent agréablement à l'oreille de Michel. Des noms à consonance d'aventures et de piraterie, de films des années 50. Après quatre heures de vol, nous atterrissons à Baranquilla où nous nous installons.

Visite de Baranquilla au pas de course, puis, dès

le lendemain, nous partons pour Santa Marta. Michel est fou de joie. C'est la première fois qu'il voit une telle quantité de chevrolets Bel Air 1956, ses voitures préférées. Tous les taxis, peints à la black, couleur fruits exotiques, sont de cette marque. Le nôtre sera mauve et orange, intérieur zèbre synthétique.

Cent cinquante kilomètres à peine séparent Baranquilla de Santa Marta, avec quatre postes de douane et de police. Toutes les cinquante bornes, même scénario : arrêt, vérification des papiers et fouille complète. Il faut savoir que la route, entre les deux stations balnéaires, est entourée de marécages, et que le trafic de cocaïne sévit fort dans la région, car c'est sur la péninsule de la Guerra que se cultive la coca sauvage. La police et l'armée sont sur tous les coups, même s'ils ne parviennent à prendre que les amateurs, puisque les professionnels, eux, sont capables d'ouvrir une piste d'atterrissage en moins de trois jours et se moquent de tous les barrages...

La plage de Santa Marta est quelconque, et fréquentée uniquement par une colonie de Pieds Noirs et de Colombiennes décolorées.

Comme il nous a fallu une demi-journée pour aller de Baranquilla à Santa Marta et qu'il va nous en falloir autant pour faire le voyage inverse, on ne peut guère rester sur la plage. De toute façon, on n'a rien à y faire et il fait tellement chaud que Michel, juste avant de repartir, va louer une chambre d'hôtel dans le seul but de s'y doucher et de boire un verre à l'ombre.

Après avoir eu droit encore une fois aux fouilles des quatre douanes, nous atteignons Baranquilla en début de soirée.

Comme prévu, le quatrième jour, nous préparons notre départ pour Maracaibo.

Mais Jacquot, parti très tôt le matin à l'aéroport pour accomplir les formalités du départ, nous apprend par téléphone que nous sommes bloqués dans ce bled, à cause d'un problème de visa. La nouvelle fait flipper Michel qui ne s'est pas encore remis de ses huit fouilles consécutives.

« Ludo, téléphone tout de suite à Christian et dis-lui d'appeler l'A.F.P. Qu'on annonce que Coluche est séquestré en Colombie. Ça fera plaisir à Lederman qu'on parle de son produit, même quand il est en vacances ! »

Et, en fin d'après-midi, Jacquot nous rappelle de l'aéroport :

« Ça y est, on a le feu vert. Mais il faut s'envoler tout de suite ! »

Depuis quelques jours, Mimi a une coupe de cheveux qui fait fureur et qui lui plaît beaucoup : il est coiffé à la iroquoise, comme Robert de Niro dans *Taxi Driver*. A la Jamaïque, il s'est acheté un bonnet rasta vert, rouge et jaune qui ne le quitte plus. Ça lui donne une vraie tronche de taulard, et nous nous attendons à de nouvelles difficultés ! Mais tout se déroule à la vitesse grand V et nous décollons.

« On aurait pu passer un kilo de coke sans problème, remarque-t-il. On se demande bien pourquoi le reste du temps ils nous font tant chier ! »

Alors que nous survolons Maracaibo vers huit heures du soir, nous apprenons que la piste nous est interdite. Il ne reste dans l'avion que très peu d'essence — une heure de vol environ —, et Jacquot doit trouver rapidement un aéroport ouvert, capable de nous accueillir. Ça nous fait d'abord rire de jouer les contrebandiers, ou les pirates de l'air, mais, au fur et à mesure que les minutes passent, nous nous inquiétons de plus en plus. Jacquot et Michel regardent la carte pour constater qu'il est impossible de revenir à Baranquilla. Mais où aller ? Mimi s'énerve :

« C'est tous des cons ! Même en l'air ils nous font chier ! »

Puis son regard tombe sur le nom de Curaçao. Un nom qui le branche, qui lui rappelle cet alcool bleu que l'on mélange à des cocktails. C'est décidé : nous irons à Curaçao !

La tour de contrôle de la ville nous donne son accord et nous rêvons déjà de la soirée et du séjour qui nous attendent dans ce pays qui nous est inconnu.

Atterrissage en souplesse, juste à temps, car l'aiguille de la jauge est dans le rouge depuis quelques minutes. A peine avons-nous le temps de descendre, nos sacs à la main, que nous rejoignent deux Mercedes 4 × 4 occupées par une demi-douzaine de flics.

« L'accueil est bien fait dans ce pays, observe Michel. Tu as vu le protocole ! C'est la première fois qu'on vient nous chercher en bout de piste ! »

Mais les policiers ressemblent plus à des appariteurs musclés qu'à des membres du protocole. Leur allure commence à nous inquiéter. Très gentiment, cependant, ils nous prennent par le bras et nous entraînent vers leurs voitures. Tout juste s'ils ne portent pas nos bagages !

« Ne vous inquiétez pas, nous rassure Jacquot. C'est l'heure de la fermeture de l'aéroport, ils sont venus nous chercher pour qu'on aille plus vite. »

L'officier des douanes est une femme. Elle nous confirme que, passé neuf heures, plus aucun avion n'est attendu à Curaçao, et nous propose avec amabilité quelques noms d'hôtels où descendre, tout en regardant nos passeports. A l'instant où nous pensons enfin pouvoir franchir le poste frontière, deux des policiers de notre escorte reviennent vers nous et nous demandent, toujours gentiment, de les suivre dans un autre bureau.

Inutile de préciser que ni les policiers ni les douaniers ne connaissent Coluche. Lisant son véritable nom, Colucci, sur le passeport, ils plaisantent sur ce nom à consonance italienne. Ils le détaillent, s'attardent sur son bermuda, ses sandalettes, sont un peu choqués par le vernis à ongle fluo-rose qu'il a sur les pieds, par sa coupe iroquoise, s'amusent à la vue du youkoulélé qu'il trimbale partout depuis la Jamaïque.

Michel chantonne.

« Que faites-vous comme métier lui demande un gros Black ?

— Artiste. Comédien, si vous préférez ! » dit Mimi en plaisantant.

Il fait rire tous les flics qui nous entourent.

« J'espère que, maintenant, on va sortir de là très vite. Je ne comprends pas pourquoi ils tardent à nous rendre nos passeports », nous glisse-t-il à l'oreille.

Pour se détendre, il enlève ses sandalettes, se gratte les pieds, ce qui cette fois fait beaucoup moins rire les Noirs. L'un d'eux se lève et d'un ton plus sec nous annonce qu'ils vont fouiller nos bagages.

Nous recommençons à flipper. Comme le bureau dans lequel nous nous trouvons est trop étroit, ils nous font passer l'un après l'autre dans le bureau voisin pour la fouille.

Ludo passe le premier. Un douanier, toujours souriant, ouvre son attaché-case. Mais soudain son sourire se fige : il a sous les yeux quinze mille dollars en billets de banque, neufs, ceux que Mimi a ramenés de New York.

Un terrible bordel se déclenche immédiatement. Le type appelle ses collègues. Tous les autres douaniers arrivent en courant dans la pièce. Ludo est aussitôt mis à poil et fouillé complètement, même les parties les plus intimes qui sont inspectées à l'aide d'un gant en plastique. C'est l'affolement général dans l'aéroport. Quinze mille dollars dans un avion privé correspondant à un kilo de cocaïne prêt à être acheté. Chaque bagage est donc épluché : le youkoulélé de Michel, un appareil photo, les mallettes, les sacs à dos, les doublures des vêtements. Dans le même temps, d'autres douaniers mettent l'avion en quarantaine.

Quand Ludo ressort de la pièce, il voit Michel qui attend son tour. Il ne peut pas lui dire un mot car les douaniers le surveillent et l'ont prévenu :

« Vous ne dites rien à vos camarades, sinon ça ira beaucoup plus loin ! »

Michel entre donc dans le bureau de fouille, tranquille parce qu'aucun de nous n'a de drogue sur lui, mais il murmure tout de même :

« Dans quel merdier on s'est fourrés ! »

Avec lui, la fouille est rapide car il n'a rien dans ses poches. En réalité, il a huit cent dollars dans la doublure de son caleçon, que les flics ne remarquent pas.

Ludo est toujours interrogé :

« D'où vient cet argent ? Que voulez-vous en faire ? Qu'alliez-vous acheter à Curaçao ? Qu'y a-t-il dans l'avion ? »

Puis ils nous font sortir de l'aéroport et nous

emmènent par groupe de deux au commissariat central. Les Jeeps traversent la ville de Curaçao à grande vitesse. Pas le temps d'admirer les petites maisons de bois peint, style hollandais. Le commissariat central est une sorte de hangar désaffecté. Cette fois, nous ne rions plus du tout. C'est tout à fait le genre d'endroit, un peu à l'écart des autres immeubles, où les prisonniers peuvent être torturés pendant des heures sans que personne ne les entende.

Nouvel interrogatoire, depuis le début. Les flics refusent de croire que nous sommes de simples touristes : aucun visiteur ne se balade jamais avec autant d'argent sur lui ! Ils nous enlèvent nos montres, nos gourmettes, les lacets de nos chaussures et nous jettent de nouveau dans les voitures.

Nouvelle traversée de la ville, à grande vitesse, toutes sirènes hurlantes. Prochain arrêt, la prison !

La taule est minuscule, mais comporte plusieurs cellules. Nous sommes séparés les uns des autres. Depuis l'instant où l'argent a été découvert, nous n'avons plus le droit de nous parler, ce qui ajoute à notre angoisse. Chacun, à tour de rôle, est entraîné vers une cellule. Michel le premier.

Les cellules ne possèdent aucun confort, même pas un banc pour s'asseoir, pas de lumière. Nous n'avons pas le droit de fumer, ni même de sortir pour pisser, d'où l'odeur nauséabonde que l'on respire. Pourtant, comme tous les prisonniers avant nous, nous urinons le long des murs.

« Faits comme des rats ! »

Après une heure ou deux, il ne reste plus qu'à s'asseoir, puis à s'allonger, sur le sol humide et puant.

La nuit se passe dans un climat d'angoisse. La privation de cigarettes est ce qu'il y a de plus pénible. Les idées les plus noires nous traversent.

Grâce à la dépêche de l'A.F.P., tous nos amis nous croient encore en Colombie. Aux yeux des flics, nous sommes des trafiquants de drogue. Michel pense à ses huit cents dollars, se demande s'il doit continuer à les cacher dans son caleçon ou bien s'en servir pour acheter le geôlier. Pour aller où ? Les policiers ont gardé les clefs de l'avion. Et s'ils s'amusaient à jeter quelques sachets de coke dans le Cessna, histoire de garder les quinze mille dollars ?

Au petit matin, un faible rayon de soleil entre dans les cellules. Il est six heures lorsque Michel et Jacquot sont appelés par deux douaniers pour la fouille de l'avion.

Là, un chien renifle partout. Rien, sinon quelques graines d'herbe tombées pendant le voyage.

L'un des flics se retourne :

« S'il n'y a que ça, vous êtes tranquilles ! »

Vers midi, enfin, Michel et Jacquot reviennent à la prison.

Ludo et Didier sont libérés.

« Ça y est, ma poule, annonce Michel. On est tranquilles. »

Il ne reste plus que les formalités d'usage. Photos, signatures et livre d'or...

Ludo se jette à son cou, pleurant de joie. De tous les cadeaux que lui a jamais faits Michel, c'est sans doute le plus beau...

DANS LA VIE IL N'Y A PAS QUE LE CUL ! IL Y A AUSSI LA BITE ET LES COUILLES

« VOUS ne me ferez jamais croire que si je bouffe cinq cents grammes de caviar ou cinq cents grammes de spaghettis, je vais grossir de plus de cinq cents grammes. C'est pas logique ! »

Vers la fin de l'année 83, Michel a terriblement grossi. Tous ses potes lui disent de ne pas manger autant :

« Tu vas bientôt dépasser Carlos, et, à côté de toi, Raymond Barre va passer pour un mannequin... »

Bref, on tente de lui filer un vieux complexe à cause de son poids, et surtout de son volume. Apparemment, des complexes, il n'en a jamais eu. Mais ça l'ennuie d'être trop gros parce qu'il ne parvient plus à lacer ses chaussures : il lui arrive de plus en plus souvent d'être obligé de mettre ses pieds sur le bras d'un fauteuil. Ce n'est pas très pratique et ça le gonfle. Il a même fini par transformer ses selles de moto façon cow-boy afin d'être confortablement installé.

Un jour, Michel nous annonce qu'il va rendre visite à un toubib. Un spécialiste en amaigrissement dont il a obtenu l'adresse par d'autres amis. Coluche

Un comédien jamais avare de sa personne. Méfiance !
Le char est faible...

Attention, travelos ! Au Mexique à l'époque
du tournage du Serpent à plumes *en 1984.*

est certain qu'en quelques heures ce médecin accomplira un miracle.

« Quand je ressortirai, vous ne me reconnaîtrez pas ! »

Deux jours plus tard, Michel est chez le médecin. Un type sympa, très dynamique, qui le rassure immédiatement :

« Tu vas voir, c'est très facile. Je t'endors localement, je te mets sur la table d'opération, je te fais deux petits trous dans le ventre et j'aspire toute la graisse. Je t'enlèverai deux kilos par séance ! »

Mimi n'est pas un branché des opérations. Il n'aime ni les docteurs en action, ni les hôpitaux en service. Il demande deux semaines de réflexion et, après quinze jours d'angoisse (qu'il s'évertue à cacher), il se décide finalement à entrer en clinique.

Ludo et Jean-Mi acceptent de l'accompagner pour le ramener. Comme prévu, il s'allonge sur la table d'opération :

« N'essayez pas de m'aider, j'y arrive déjà pas tout seul ! »

Tout le monde se retire donc dans la salle d'attente, l'abandonnant aux mains du chirurgien et de l'anesthésiste. L'attente est de courte durée. A peine dix minutes plus tard, Michel ressort, pas content.

« Bon, maintenant, on se casse, j'ai pas envie d'engraisser la médecine. »

Sur le chemin du retour, il nous explique.

« L'anesthésiste m'a fait trois piqûres dans le bide. C'est peut-être parce que j'avais trop de graisse, mais ça ne m'a pas endormi. Alors, quand le toubib a commencé à me trafiquer le ventre, à me foutre des tuyaux partout, je vous dis pas ce que ça m'a fait... »

Michel s'est donc levé de la table d'opération en gueulant comme il sait si bien le faire. Le chirurgien a eu tout juste le temps de récupérer ses tuyaux avant qu'il ne se rue à l'extérieur.

Ainsi se termine la première et dernière expérience de Coluche dans ce domaine.

Plus d'opération ! Mais, le problème restant entier, il décide de procéder autrement et s'invente donc des régimes « personnalisés ». Fraises et bananes pendant huit jours. Ou bien ananas à tous les repas... Seulement, au bout d'une semaine, son régime lui sort par les narines. Et il se venge sur-le-champ en avalant une grande quantité de gâteaux dans un temps record.

En fait, sa rondeur devient un sujet de plaisanterie dont il est le premier à rire :

« Moi, j'ai un avantage sur vous, je peux m'habiller dans les magasins de gros ! »

Dans la vie de Coluche, les femmes ont tenu une certaine place... et même une place certaine, car Michel dégageait un magnétisme qui attirait les autres autour de lui, que ce soit des filles ou des mecs. Il savait séduire, comme sur scène. Tendre et discret dans ses rapports avec les femmes, il lui arrivait cependant de se montrer agressif, apparemment sans raison. En fait, nous savions très bien qu'il voulait alors aller à « l'essentiel » de la personnalité de l'autre.

Il lui arrivait souvent de nous poser des questions du genre : « Tu crois que ce mec (ou cette fille) a été accroché ? » Il employait d'ailleurs un mot qui lui était propre : « Gauler ». Michel « gaulait les gonzesses », « gaulait les hommes politiques », « gaulait le public »... Nos réponses ne variaient jamais, car nous connaissions bien son impact. Oui ! il avait « gaulé » son monde ! Et même ceux qui, a priori, ne l'aimaient pas.

Coluche ne cherchait pas systématiquement à entraîner dans son lit toutes les filles qu'il rencontrait. Par contre, il profitait de chaque circonstance, en bon jouisseur de la vie, et surtout lorsqu'il était entouré de ses copains.

Nous sommes au festival de Cannes, en 1985.

Coluche, comme d'habitude, nous a fait descendre à l'hôtel Martinez qu'il adore pour son côté vieux palace, pour son luxe d'un autre siècle. On vient de le harceler pendant des heures sur la croisette : « Regardez, c'est Coluche ! » « Eh, Coluche, tu me files un autographe... ! » Il n'aime pas ça.

« C'est pour Gérard, lui annonce un groupie tout heureux d'avoir enfin pu l'approcher.

— Eh ! Moi, je mets mon nom, toi, tu mets le tien ! » répond Coluche en lui rendant son bout de papier.

Bien souvent, d'ailleurs, pour y échapper, il se travestit en femme. Les gens n'osent pas alors l'aborder, un foulard sur la tête, des boucles aux oreilles, parfumé et maquillé. Vers la fin de la soirée, toujours déguisé en cantatrice, Mimi nous entraîne rue d'Antibes. Là, nous croisons un travesti en train de tapiner. Il reluque Coluche avec de grands yeux effarés, se demandant s'il doit s'inquiéter de la concurrence. Les promeneurs, en passant, se moquent de lui. Il faut dire que le jeune homme manque un peu de discrétion avec ses talons aiguilles, sa robe moulante et son duvet fleurissant... La présence de Michel n'arrange pas les choses. Touché, celui-ci se dirige vers le trav. et commence à lui parler avec sympathie. D'abord sur ses gardes — qu'est-ce que c'est que ce mec qui vient foirer mon coup ? — le jeune homme finit par se détendre. Tandis que nous les observons, un peu à l'écart, une véritable conversation s'établit entre eux. Quelques minutes plus tard, à notre grand étonnement, Coluche le ramène parmi nous et demande à Ludo :

« Tu me prêtes ta chambre ? Je l'ai invité à l'hôtel et j'ai envie de me faire un peu travailler le principal... »

De retour au Martinez, Ludo se rue dans sa chambre et s'installe dans le placard. Il ne veut pas perdre une miette du spectacle. Et quel spectacle : Coluche, déguisé en Castafiore, allongé sur le lit, la jupe retroussée, et le jeune prostitué accroupi sur le sol entre ses jambes...

Ludo se marre tellement qu'il évite l'asphyxie de justesse, tant l'air du placard est raréfié !

Mais non, Mimi ne préférait pas les hommes ! Le burlesque de la situation l'avait fasciné, de même que son côté exagéré, extravagant. Une fois de plus, il avait trouvé un jeu. « Vos blagues sont salaces. Il n'y a pas que le cul dans la vie ! » lui avait dit un jour un journaliste. A quoi Coluche avait répondu : « Non, il n'y a pas que le cul. Il y a aussi la bite et les couilles. »

Connaissant son goût pour cette sorte de jeux, ses amis ne se privent pas, et lui réservent de bonnes surprises chaque fois qu'ils le peuvent.

Michel et son staff (dont Ludo, qui ne le quitte jamais pendant les tournages) débarquent à Mexico par une soirée de printemps. Toute l'équipe s'y trouve déjà pour la préparation du film *La Vengeance du serpent à plumes*. Alain, le directeur de production vient les chercher à l'aéroport et les conduit dans une somptueuse hacienda, en plein Mexico, où s'établira leur résidence pendant la durée du tournage.

A peine ont-ils le temps de poser leurs bagages et de se rafraîchir que débarquent sept putes à tomber, accompagnées de la maquerelle locale.

« Cadeau de bienvenue ! » annonce Alain, hilare.

Les filles ont toutes des tenues affriolantes, puent le parfum bon marché, aucune d'entre elles ne connaît Coluche, bien sûr, mais elles se sont laissé dire qu'elles ont affaire à une grande vedette du cinéma français.

Alain joue parfaitement son rôle d'hôte. Il présente les filles comme si elles faisaient partie du jet-set de Mexico. Les lurons sont au nombre de cinq : Moustique, le photographe, Didier, Michel, Ludo et Alain. Christiane, l'habilleuse, fait aussi partie du groupe. Michel se tourne vers elle :

« Pas de pot, Cricri, ils avaient pas prévu de mec à l'agence, mais tu pourras toujours aller faire un tour sur la rampe de l'escalier central... »

Christiane préfère se retirer dans sa chambre et se remettre tranquillement du décalage horaire.

Commencent alors les festivités. La mère maquerelle a prévu une règle du jeu. Elle inscrit le nom de chaque participant sur une feuille et sort un paquet de petites bûchettes pour comptabiliser le nombre de coups.

Michel se choisit la plus belle. Star oblige. Elle lui plaît tellement, d'ailleurs, qu'il remontera trois fois avec elle, avant de s'en choisir deux autres et d'atteindre la performance de cinq bûchettes dans la nuit... Record battu ! Par égard pour les autres, les prouesses secondaires ne seront pas dévoilées.

Toujours au Mexique, quelque temps plus tard, Michel et ses complices découvrent un petit bordel routier dans un village perdu, appelé « Le kilomètre six ». C'est un hangar assez grand, sommairement meublé, pourvu d'une scène sinistre et mal éclairé, sur laquelle se dévoilent travestis et putes en tous genres. Les filles sont grosses, moches, outrageusement maquillées, pleines de rouge à lèvres, sales et puantes.

« Elles ont des lèvres maquillées comme des colliers à bite ! » remarque Coluche.

Il est tout excité. Cette ambiance à la Fellini l'amuse. Mais, craignant les maladies, tout le monde préfère rester pour le spectacle. Les filles ont beau essayer leur plus beau numéro de charme, s'asseoir sur les genoux de chacun, caresser et sussurer de tendres mots en espagnol, rien n'y fait.

Sur la scène se déroule un strip-tease cheap et osé. Une grosse pouffe, morte d'ennui, s'enfonce un vieux godemiché en poussant des gémissements extatiques. Même les mouches paraissent écœurées et bourdonnent grassement, dans une atmosphère de crasse et d'encens bon marché.

Les numéros se succèdent, aussi tristes et dénués d'intérêt. Même le mescal (alcool local servi dans des bouteilles contenant des asticots pour donner du goût) ne parvient plus à tenir Michel sur ses deux tabourets. Il donne enfin le signal de départ :

« On se casse, les gars ! Le mec qui a commencé cette gonzesse, il aurait dû l'achever ! »

Si Michel n'hésitait pas à faire profiter ses copains de ses amours à la sauvette, il en allait tout autrement lorsqu'il s'agissait, pour lui, de sentiments profonds. Exhibitionniste comme tous les acteurs, il devenait alors profondément pudique et savait ménager un petit jardin secret autour de ses aventures amoureuses.

Comme il adorait les contes de fée, il lui arrivait souvent de profiter de sa notoriété pour jouer un peu le rôle de père Noël.

Un jour, se promenant du côté de Montrouge, la ville de son enfance, il rencontre dans un bar une fille assez jolie que la vie semble ne pas avoir trop gâtée — physique mis à part. Elle est vêtue d'un vieux blouson, ses cheveux n'ont pas vu le shampooing depuis des lustres. Elle s'exprime avec la gouaille des faubourgs et ne paraît nullement surprise de rencontrer Coluche qui fait pourtant partie de ses idoles. Michel apprendra bien vite que le père de la gamine est en prison, que sa mère boit et la bat... Tableau apocalyptique mais bien réel cette fois. Il lui propose de la raccompagner en moto. Arrivé chez elle, il découvre un groupe de H.L.M. où les bambins jouent parmi les crottes de chiens, où les espaces verts ont été saccagés depuis longtemps et où les graffitis obscènes tiennent lieu de décoration sur les murs fissurés, annonçant le délabrement du groupe d'immeubles, aussi précoce que celui de ses habitants...

Aussitôt, Coluche se fait assaillir par les résidents. Mais, cette fois, il est dans son élément. Ce n'est pas le luxe de Cannes, le peuple qui l'entoure n'a rien à voir avec les minets désœuvrés de la croisette. Il distribue généreusement poignée de mains et autographes, accompagne « la petite prolo » jusqu'à son étage. La mère, déjà bourrée, pue le vin rouge.

« Eh, Coluche, qu'est-ce que tu fous ici ? »

Tout l'étage, alerté par les cris qui traversent le papier-cigarette des murs, accourt. Le président de la République, lui-même, ne ferait pas autant d'effet. Désireux de ne blesser personne, Michel accepte les cadeaux qu'on lui donne, les disques qu'on lui fait signer. Il se laisse même inviter à dîner par la mère de la gamine qui se croit en plein délire éthilique. Il les quitte tard dans la nuit, non sans avoir laissé une bonne poignée d'argent qu'il confie à la jeune fille « pour lui donner un coup de main... ».

La plupart des vedettes — pour ne pas dire toutes — sont harcelées de courrier d'admirateurs, d'illuminés, de profiteurs, d'escrocs. Coluche prenait bien soin de faire lire chacune de ses lettres par l'un d'entre nous, afin de déceler les demandes sincères, les véritables appels au secours.

Il arrivait fréquemment que certaines enveloppes ne comportent, pour toute adresse, que les mots suivants : « Coluche — France. »

Les P.T.T. savaient le retrouver. Sur cent lettres du genre : « Coluche, tu as du fric, moi je suis fauché. J'ai besoin de dix milles balles pour partir en vacances. Voilà mon adresse... », il y avait parfois une ou deux demandes qu'il prenait en considération. Il sortait son carnet de chèques, tout simplement, inscrivait le montant réclamé et l'envoyait accompagné d'un petit mot : « Bonne chance. »

C'est ainsi que commence l'histoire d'Annie.

Annie est une de ses fans. Un jour, s'attaquant lui-même à son courrier, Michel découvre une lettre charmante, accompagnée de dessins en laine :

« Je n'ai pas beaucoup d'argent, mais j'aimerais voir ton spectacle. Alors, si tu veux, comme je sais cuisiner, et que je fais des confitures super, je pourrais me mettre un moment gratuitement à ton service, en échange d'une place gratuite pour te voir sur scène. »

Elle finissait par un mot tendre et indiquait son numéro de téléphone.

Michel demande à Aldo de l'appeler pour en savoir un peu plus. Annie est déjà folle de joie de pouvoir lui parler directement, car Michel l'invite pour le lendemain. Le soir venu, Annie se présente avec deux pots de confiture joliment décorés. Michel, attendri par sa sincérité, décide de rester en contact avec elle. Quelques jours plus tard, elle revient avec de délicieux petits pains qu'elle a confectionnés elle-même dans son four.

Pour Annie, la chance vient de tourner. Michel, qui a justement besoin d'une cuisinière, l'engage, bien qu'elle ne soit pas cuisinière mais esthéticienne de métier, aux Galeries Lafayette. Prise à l'essai, elle fait aussitôt d'étonnants progrès ; cuisinant de façon orginale, se montrant adorable avec tout le monde...

Pour l'aider dans son travail, comme elle n'est pas grande, Michel lui fait bricoler un petit tabouret à roulettes, pour se déplacer entre les placards. Dès lors, Annie, juchée, toujours souriante, sur son curieux engin, se met à faire partie du paysage familier de la rue Gazan et elle deviendra, par la suite, la cuisinière de France Gall et de Michel Berger...

Prostituées, minettes, prolos, intellectuelles ou stars, Michel vouait une vraie passion aux femmes, avec une légère préférence pour cette dernière catégorie. Mais son attirance pour les vedettes résultait de l'héritage de son enfance, de son côté « midinette » dont il ne se cachait pas. Un coup de téléphone de Catherine Deneuve pour le remercier de lui avoir fait parvenir des fleurs (il envoyait souvent des fleurs, en connaissait le langage et tentait toujours, vainement, de nous initier à cette science fort poétique) et nous le retrouvions excité comme un adolescent...

Mais cet attrait particulier pour le sexe opposé ne l'empêchait pas de se montrer parfois odieux avec elles.

Pour fêter l'un de ses succès, nous nous retrouvons, un beau matin de printemps, tous les quatre, chez Petrossian. Michel adore le caviar et ne se prive pas d'en commander un kilo. Arrive alors une brave dame, très « seizième », qui vient elle aussi acheter son caviar du vendredi soir. Elle reconnaît Coluche et s'approche de lui, hautaine.

« Alors, mon petit Coluche, le capitalisme, ça a du bon quand même, n'est-ce pas ? »

Michel relève à peine la tête, se tourne vers elle et rétorque :

« Oui, mais vous savez bien comme moi que c'est pas meilleur qu'une bonne bite dans le cul ! »

Un serpent à plumes,
un singe à poils et un youkoulélé.

TROISIÈME PARTIE

Y EN A EU
POUR TOUT LE MONDE

Y EN AURA POUR TOUT LE MONDE !
(DE LA BOUFFE ET DU RIRE)

« TIENS, Jean-Mi, combien ça ferait manger de personnes, à ton avis, si je distribuais de la bouffe avec les trois cents briques que j'ai à payer ? Calculons pour voir... »

Michel se tourne vers la cuisinière.

« Anita, vous qui vous y connaissez, combien ça coûterait un repas simple et correct qu'on achèterait en gros ? »

Nous sommes en plein hiver, en 1984. Le thermomètre oscille entre moins vingt et moins dix. De nombreuses canalisations ont éclaté et les Parisiens ne se risquent plus à l'extérieur que pour leurs besoins les plus urgents. Il fait si froid que les pouvoirs publics ont, exceptionnellement, ouvert les couloirs du métro et les gares pour que les clochards et tous les sans-abris puissent dormir sans risquer de mourir congelés. Quotidiennement, la presse et les journaux télévisés annoncent la mort de personnes âgées, soit à la campagne soit, même, dans les villes. Édouard Leclerc en a profité pour lancer une opération publicitaire : dans ses magasins, des repas à dix francs pour les pauvres.

Michel et Jean-Mi sont en train de discuter autour d'une tasse de thé et d'un plateau de gâteaux. La pause thé est devenue un rite quotidien pour Coluche dont les activités sont presque au point mort cette année-là. Certes, il tourne des films, se livre à quelque-uns de ses « petits combats » et apparaît encore parfois sur scène. Programme bien chargé pour tout autre que lui. Mais Michel n'a jamais apprécié les temps morts. En tous cas, pas à Paris.

La question qu'il vient de poser n'est pas seulement inspirée par sa fiche d'impôts — il a trois cents briques à sortir — mais le montant qu'il doit payer, associé à la situation extérieure, a déclenché l'un de ses mécanismes. Une idée vient de jaillir en lui. Une de ces idées qu'il rumine depuis des années, souvent, inconsciemment, attendant que les éléments concordent et que sa propre solution paraisse une évidence...

Michel grignote un gâteau, l'air de rien, attendant la réponse d'Anita. Longue réflexion. Silence.

« Entre dix et quinze francs, monsieur », répond finalement la cuisinière.

Malgré l'adoration qu'elle lui voue, ou, peut-être justement à cause de celle-ci, Anita l'appelle toujours monsieur, avec une sorte de réserve dans le ton. Elle le respecte. Michel le lui rend bien. Tous les deux se vouvoient.

Et ça démarre, Michel se lance.

« Trois cents briques ! S'ils me font chier avec mes impôts, je vais leur faire le coup. Je dépense tout en bouffe et je le distribue gratuitement... T'imagines, si tous les mecs qui ont du fric comme moi en font autant ? On réglerait le problème ! »

Cela se passe dix-huit mois avant la création des

Restaurants du Cœur. Pour l'instant, l'idée n'en est qu'au stade de simple délire. Un délire qui annonce pourtant l'une des opérations de solidarité les plus vastes jamais organisées.

« Jean-Mi, annonce Coluche, tu vas te rencarder. Essaie de voir auprès d'usines agro-alimentaires combien ça pourrait coûter d'acheter de la bouffe en gros... »

Il déchire une serviette en papier, commence à griffonner dessus. Son dessin prend l'aspect d'un plateau-repas.

Simple délire ? Jean-Mi commence à se demander, au contraire, si l'affaire n'est pas en train de prendre une tournure des plus sérieuses.

Michel explique son idée. La distribution ! Il ne s'agit pas de nourrir les gens sur place, mais de leur donner des plateaux-repas, un par personne, qu'ils pourront emporter chez eux...

Il ne s'adresse pas aux clochards, aux sans-abris, mais aux chômeurs.

Jean-Mi quitte Coluche avec le dessin dans sa poche. Pendant deux ou trois jours, il tente de s'informer. Un coup de fil par-ci, par-là... L'idée l'a séduit, mais il ne sait pas par quel bout la prendre. Les administrations ne lui étant d'aucune aide, il confie ses difficultés à Michel. Mais, curieusement, celui-ci, toute excitation retombée, paraît s'en désintéresser.

« Laisse tomber, répond-il. J'ai réfléchi. Ce n'est pas le moment. »

En fait, Coluche est plus ou moins dans le creux de la vague depuis quelque temps déjà et il s'en rend bien compte. Sa situation personnelle n'est pas appropriée, dans l'immédiat, pour lancer une opération de cette envergure. Il lui manque surtout un grand média pour s'exprimer. Le cinéma, dans lequel il rencontre le succès que l'on sait, n'en est pas un. Il lui faudrait une radio ou bien une chaîne de télévision. Patient, il fait mine d'oublier son projet...

Peu nombreux, même parmi ses proches, sont ceux qui connaissent son vrai problème. Ce que Michel appelle « son poison ». Les ennuis qu'il traverse, le peu d'énergie qu'il met dans ce qu'il entreprend et ce, pratiquement, depuis la fin des élections présidentielles, la précarité de sa santé, ont pour cause unique le piège de l'héroïne, dans lequel il est tombé.

Heureusement, Michel ne passera jamais le cap fatal de la seringue. La dope, il la sniffe. Et, contrairement à beaucoup de drogués que « la blanche » a transformés en véritables épaves, il a toujours su conserver de grandes périodes de lucidité.

En été 1984, sa décision est prise. Pour lui-même. Pour son équipe qui végète depuis qu'il effectue sa traversée du désert. Pour le public, sans doute, envers lequel il se sent une grande responsabilité. Michel veut s'en sortir. Il le dit depuis un an. Cette fois il profite des vacances pour arrêter. Il sait qu'il lui faudra au moins six mois car il ne veut pas subir de cure de désintoxication. Un de ses amis, médecin, l'aide, lui prescrit des substituts légers. Conscient de s'être laissé aller de son propre gré au cycle infernal du « poison », Michel ne veut compter que sur sa propre volonté.

1984 s'écoule. C'est pour lui un vrai calvaire, car il ne veut ralentir aucune de ses activités. Au contraire ! Il se lance dans le sport, se force à manger sainement et à maîtriser un rythme de vie propice à son rétablissement. Malgré l'état de manque dans lequel il se trouve, il continue à paraître en public. Son humeur est instable mais s'améliore au fil des mois.

Vers la fin de l'année, Michel sait qu'il est enfin libéré !

C'est un Coluche en pleine forme que voient réapparaître ses amis, dès le mois de janvier 85. Il déborde d'énergie, un peu comme s'il voulait rattraper le temps perdu. Qui pourrait imaginer que Michel a été tellement mal dans sa peau pendant si longtemps ? « Le grand Coluche est de retour », dira même Philippe Gildas que Michel harcèle depuis un an déjà pour obtenir une tranche d'antenne sur Europe 1. « Il est de nouveau fiable ! »

Son « retour », Michel veut le marquer d'un grand coup. Une action d'éclat, un record peut-être. C'est Éric Courly qui, un soir, lui apporte la solution sur un plateau. Éric est journaliste-essayeur pour *Moto Un*, une revue de motards à laquelle Coluche apporte, lui aussi, sa participation.

« Regarde, annonce-t-il fièrement en exhibant la liste des derniers records de vitesse à moto. Pas une qui ne soit réactualisée depuis 1975 ! »

Tout excité, Michel se jette sur la liste.

« C'est ça, c'est exactement ça qu'il me faut. Les doigts dans le nez, je vais m'en battre un ! »

Michel n'a rien d'un athlète et n'a jamais éprouvé grand intérêt pour les épreuves purement physiques, telles le foot, la natation ou le jogging. La moto, par contre, a toujours été sa passion, depuis son adolescence, depuis que son beau-frère (René Metge, vainqueur depuis par trois fois du Paris-Dakar) l'entraînait avec lui sur les circuits : à quinze ans, Michel avait le droit, suprême honneur, d'astiquer et de faire chauffer la bécane de Monneret. Ses premières économies (gagnées en livrant des fleurs), il les consacrera à l'achat d'une Yamaha 250 qu'il conduisait sans permis...

Éric se penche donc sur la question, prend contact avec la fédération, établit un dossier. Jean-Mi, lui, se charge de la régie de l'affaire : les chronométreurs, la recherche d'un circuit, etc. Tout est réglé, Coluche courra donc à Nardo, dans les Pouilles, en Italie.

« Battre le record du monde de vitesse à moto, se marre Coluche, un gros comme moi... Il y en a plus d'un que ça va surprendre ! »

Au mois de juillet, Philippe Gildas fait enfin appel à lui pour animer une émission pendant l'été. Deux mois. A l'essai en quelque sorte. Le visage de Coluche apparaît sur tous les murs, accompagné du label de l'émission : « Y en aura pour tout le monde. »

Titre éminemment prémonitoire. A quoi fait-il allusion ? Aux pics acides et aux costards bien taillés dont il a le généreux secret ? Ou bien pressent-il déjà que cette émission est le support qu'il attendait pour se lancer dans une tout autre forme de distribution ?

Dans le même temps, les préparatifs pour la course avancent. Une première tentative est prévue pour le mois d'août. Nardo a été choisi car aucune piste française ne possédait les caractéristiques propres à faciliter un record de vitesse. Pas même le Castelet, dont la « ligne droite du Mistral » n'est pas assez longue.

Coluche achète une moto de compétition, une OW31, retirée des circuits parce que considérée comme trop dangereuse. En fait de bolide, c'est une vraie pièce de musée. Au premier essai, Coluche atteint péniblement le 160. Au cinquième essai, il frôle péniblement le 180... Le moteur serre. Michel se tire in extremis d'affaire en débrayant. Il évite la catastrophe mais se voit contraint d'annuler sa première tentative.

« On remet ça le mois prochain, dit-il à Jean-Mi. Réorganise tout qu'on ne perde pas de temps ! »

Devant le succès de « Y en aura pour tout le monde », Philippe Gildas décide de prolonger l'émission jusqu'au printemps. Michel, qui apprend la nouvelle à son retour de Nardo, voit sa cote remonter, et, sentant qu'il a le vent en poupe, saute sur l'occasion... Cette fois, le grand « come back » est en train de se produire.

Cela fait quelques semaines, déjà, qu'il y repense. Pas un trajet en voiture avec Aldo sans qu'il n'en parle. Oubliée la distribution gratuite de nourriture « aux nouveaux pauvres » ? En aucun cas ! Ce n'était pas le moment, voilà tout. Mais, « y en aura pour tout le monde ! ». Maintenant, grâce à l'antenne, grâce aux médias mis à sa disposition, Coluche sait qu'il va pouvoir lancer l'opération.

« Tu ne crois pas que ton idée est trop révolutionnaire ? qu'elle va heurter les politiques ? s'inquiète Aldo.

— Qu'est-ce que tu veux que ça me foute ! »

De retour de Nardo où il a obtenu de nouvelles autorisations et préparé le circuit en vue de la seconde tentative, Jean-Mi tombe en pleine réunion.

« Qui va prendre le poste de secrétaire général de l'association ? » lui demande Coluche.

Sont présents autour de la table : Aldo, Ludo, Paul Lederman, Claude Martinez... Ils sont en train de jeter sur un papier les statuts d'une association. Maryse se trouve également là. Dans un bureau grand comme deux placards à balais. Il faut presque avancer à tâtons, tellement la fumée de cigarettes a envahi la pièce... Jean-Mi comprend aussitôt :

« Une association ? Pourquoi ? La distribution de bouffe dont tu m'as parlé l'année dernière ? »

Michel hoche la tête. C'est évident. Quoi d'autre ? Comme s'il y avait un autre projet qui puisse lui tenir à cœur dans l'immédiat ! A cœur ? C'est Aldo qui lance l'idée du titre.

« On devrait appeler ça les Cantines du Cœur.

— Non, rétorque Lederman. Cantine ça fait cheap. Les Restaurants du Cœur, ce serait mieux... »

Et voilà. Avec Europe 1 dans le coup — qui se fait un peu violer, mais sans déplaisir — puis, bientôt, Canal Plus. Le grand délire va devenir réalisable.

Cette fois, tout le monde s'attaque sérieusement au problème. Paul se lance sur les médias, Jean-Mi et Coluche sur « la technique de l'agro-alimentaire ». Ils n'y connaissent rien et s'en rendent vite compte. Jusqu'à ce jour, leur compétence dans ce domaine se bornait à comparer le prix d'un steak entre les supermarchés et le boucher du coin... Un secours inestimable leur est apporté en la personne du fils de Paul, Alexandre, étudiant à l'École supérieure de commerce de Paris. Il faut du monde pour monter un coup pareil. Le premier circuit de bénévoles se crée grâce aux étudiants des écoles de commerce...

« Et Nardo ? s'inquiète malgré tout Michel.

— Tout est prêt, répond Jean-Mi. Il ne te reste plus qu'à trouver une nouvelle moto.

— Pas du tout, jette Michel. On reprend la même. Je vais la faire réviser. »

Il demande à Jacky Germain, le mécanicien de Christian Sarron, de s'en occuper. La bécane est à peu près en état, sauf l'embrayage. Michel lance un appel sur les ondes d'Europe. Quelques jours plus tard, il reçoit des embrayages pratiquement neufs.

Quelques professionnels tentent cependant de le décourager :

« Avec un truc pareil, tu ne battras rien du tout ! Choisis plutôt une moto moderne ! »

Conseil que Michel reçoit comme un défi :

« Cette moto, c'est la mienne. Je la couve depuis des semaines, je l'ai repeinte dans mon salon, je l'ai décorée avec des trucs japonais, je lui ai mis des autocollants partout, elle a un look terrible et elle est à ma main ! »

Michel sait pourtant qu'il prend un risque avec cet engin qui n'est pas fait à sa taille : il ne sait pas où mettre son ventre. En riant, il songe à le placer derrière le carénage, mais doit y renoncer. Il refuse cependant qu'une moto de dépannage, une Suzuki 750, soit transportée à Nardo. Jean-Mi insiste. Ce serait trop con d'avoir tout réorganisé pour se heurter à des problèmes techniques insolubles ! Finalement, Michel accepte, mais le prévient :

« Si je ne bats pas le record avec la vieille, je ne crois pas que j'essaierai avec la Suzuk ! »

Avec une bonne bécane, Nardo est vraiment le circuit idéal. Il possède un ovale de douze kilomètres et demi qui, grâce à l'architecture de la piste, prévue pour compenser automatiquement les virages, permet aux pilotes de pousser jusqu'à 254 km/h sans avoir à toucher au volant ou au guidon.

Michel est prêt. Ce record, il le sent. Il l'a au bout des doigts. Il enfourche la machine, à la fois intimidé et sûr de lui. Il se souvient de l'époque où, petit garçon, il adorait regarder les compteurs de voitures et de motos lorsqu'il se promenait dans la rue. Avant de s'élancer, il dit à Jean-Mi :

« Demain, je veux que les journaux titrent : *Coluche à 300 compteur...* »

Le plus curieux, c'est que, sur l'OW31, il n'y en a justement pas, de compteur...

Chronométrage pendant les essais. Résultats excellents. Avant l'homologation, tout le monde se retrouve dans un petit restaurant du coin, un boui-boui sympa. Michel a réuni une cinquantaine de personnes autour de lui. Ludo, Jean-Mi, Pierre Bourdon, patron de *Sud-Moto*, des techniciens, des journalistes, les chronométreurs...

« Il faut être tout de même un peu barjot », lance-t-il au moment du fromage.

Détendu jusque-là, Michel commence à se laisser gagner par l'émotion. De retour sur la piste, il n'adresse plus la parole à personne. Il vit cet instant comme dans un rêve : la moto impeccable entre ses jambes, les techniciens qui s'affairent une dernière fois, les commissaires et chronométreurs qui prennent place sur la piste... Le moteur est lancé. Un coup d'accélérateur, un premier tour pour chauffer la bécane, et la vitesse grandit, grandit...

Un peu partout, sur le circuit, les photographes mitraillent. Tout le monde l'encourage. Les gaz à fond. La moto fait un bruit d'enfer. La vitesse augmente encore... Les chronométreurs font signe. Record battu !

Michel revient vers le stand au milieu des exclamations et des cris de joie. Coluche à 300 compteur ! Il a l'air épuisé. Se marre.

Éric Courly, de son côté, vient de battre le record du mile, ils tombent dans les bras l'un de l'autre, les larmes aux yeux.

« Personne n'aurait donné trois francs pour ma réussite, clame fièrement Michel. C'était impossible. Mais je l'ai fait quand même. »

De retour à Paris, il fait tirer la photo de son exploit à deux cents exemplaires qu'il laisse traîner un peu partout. Chez lui, à Europe...

« Tu veux une photo ? T'as qu'à te servir ! »

Il n'a pas le triomphe modeste mais, de toute façon, déteste la fausse modestie. Un pied pareil, ça se partage. Alors il en rajoute. Quant à la coupe, qu'il a choisie lui-même, on dirait une pièce montée de cinquante centimètres avec une moto au sommet à la place du couple de mariés.

« Les gens ne le croient pas, avoue-t-il. Mais je suis très midinette ! »

Le temps qu'il a consacré à se préparer au record ne l'a pas cependant empêché de suivre de près l'évolution des Restaurants du Cœur. En moins de quinze jours, Michel a rencontré des dizaines de personnalités, parmi lesquelles Henri Nallet, ministre de l'Agriculture. Celui-ci l'a branché sur trois retraités de l'agro-alimentaire : Paul Houdard (ancien P.-D.G. de Lesieur Algérie, qui deviendra par la suite le trésorier de l'association), Francis Bour (polytechnicien qui prendra la responsabilité des comités régionaux) et Jacques Mariette (ingénieur des Mines qui sera engagé comme responsable des Restaurants du Cœur, Paris - Ile-de-France).

Ce qui, quelques semaines auparavant, n'était encore qu'une « idée révolutionnaire » (dixit Aldo) commence à prendre corps... Michel y consacre 90 p. 100 de son temps. Et pourtant, jamais son agenda n'a été aussi chargé. Car, à l'émission d'Europe, s'ajoutera bientôt son quart d'heure sur Canal Plus. En 1985-1986, Coluche est donc de nouveau présent dans tous les foyers par l'intermédiaire de deux émissions. Un boulot infernal qui mobilise toute son équipe.

Le matin, Coluche arrive au studio de Canal Plus vers dix heures. Il épluche la presse, surveille le montage des images d'actualités de la veille, corrige, jette quelques idées, sans omettre de regarder sa montre toutes les demi-heures.

Vers treize heures, il est à Europe. En général, le ventre vide. Parfois, il a le temps de s'ingurgiter un plateau-repas tout en bossant. Jusqu'à seize heures, il prépare ses gags, étudie le « tableau de marche », tandis qu'Aldo, Jean-Mi et Nono, installés sur un bureau voisin, s'attellent à leurs spécialités. Jean-Mi, la politique ; Aldo, assisté de Nono, les blagues...

A seize heures, réunion générale. Chaque jour, Michel s'énerve, car il se croit en retard :

« On avait dit quinze heures trente. On ne pourra jamais tout centraliser avant de passer sur l'antenne ! »

Panique quotidienne qui n'émeut plus personne.

Ludo, de son côté, a préparé les jeux. Le grand moment attendu de l'émission s'intitule « le Jeu idiot » : on donne une définition, on attend une réponse de l'auditeur !

> « Attrape vite la grosse tête
> Ne craint pas le mal de mère
> Sans avenir
> Travail en profondeur
> Se met sur le bout des lèvres
> Courant chez les Britanniques... »
> Réponse : « une capote ! ».

A ce jeu, plus le candidat gagne, plus il est emmerdé. Car les « lots » sont toujours choisis en fonction de leur manque total d'intérêt. Par exemple, des bottes de paille dont le nombre double chaque fois que l'auditeur trouve une bonne définition. Ou bien du sable, des poissons, des petites cuillères... Mais, hors antenne, les cadeaux sont en fait échangés, à la demande, contre une télé, ou une mob... Un auditeur ayant gagné deux mille poules refusera pourtant la substitution, obligeant toute l'équipe à se mettre en quête d'un poulailler. Coluche trop heureux de sortir de Paris, ira lui-même conclure la transaction, du côté d'Orléans, en compagnie de l'heureux lauréat, certain de pouvoir bouffer des œufs jusqu'à la fin de ses jours...

A dix-huit heures, l'émission d'Europe s'arrête.

Course contre la montre jusqu'à Canal Plus. Michel y débarque vers dix-huit heures trente.

Là, le travail commence par l'écriture des textes, se poursuit par la synchro et le montage des sujets. Dans le même temps il s'occupe de son maquillage, choisit son costume du jour (vieille pute, zorro, ménagère, clown, grosse pouffe, castafiore, travelo... toutes sortes de déguisements qu'il adore, et la coiffure adaptée...).

A vingt heures, il apparaît à l'antenne. Vingt heures quinze, il est de retour dans sa loge, se change, repart chez lui, pour annoncer à sa cuisinière, Anita, le nombre de potes qu'il aura à dîner.

« Ça va "Mamanita" ? annonce-t-il d'une voix de canard en passant le pas de la porte.

— Très bien, monsieur Coluche », répond-elle, de la même manière.

Les « soupers intimes » se passent généralement à dix ou douze, mais les amis de Coluche ne sont jamais moins de vingt avant la fin de la soirée.

Jusqu'à une heure du matin, Michel visionne les bandes d'actualités en compagnie d'Aldo, de Jean-

La nouvelle passion entre les jambes : une Honda 750.
Il sera recordman du monde de vitesse en 1986.

La passion des vieilles caisses.
Ici, flirtant avec une Buick 1956.

Mi, de Ludo et de Nono. Seules sont autorisées les actualités étrangères pour les gags du lendemain. Les journalistes de Canal Plus déconseillent, en effet, que Coluche fasse joujou avec les informations des chaînes françaises.

Coluche ne se couche jamais avant deux heures. Un horaire strict, pour une journée de travail terriblement chargée, surtout qu'à ses activités radiophoniques et télévisées s'ajoute l'action qu'il a entreprise, depuis peu, pour les Restaurants du Cœur.

Il trouve pourtant le temps, personne ne sait comment, pour transformer l'une de ses motos, acheter des cadeaux, réparer l'une de ses vieilles voitures, cela généralement entre huit heures et dix heures du matin...

Soumis quotidiennement à la frénésie de Michel et du reste de l'équipe, le bureau ambulant (une vieille DS) est à bout de souffle.

Aldo est au volant, Michel à ses côtés. A l'arrière sont assis Ludo, Nono et Jean-Mi. La DS 21 fait un bruit d'enfer, ce qui n'est pas étonnant pour son âge. Coluche préfère les vieilles caisses : les rayures sur la carrosserie sont pour lui l'occasion de s'offrir régulièrement une peinture neuve, histoire de changer de look. Il passe du rose bonbon au marron-jaune paille avec bonheur et régularité...

Le trajet Europe 1-Canal Plus s'effectue chaque jour, plusieurs fois, dans les deux sens. Et Michel passe son temps à engueuler Aldo qui roule trop vite, ou, au contraire, trop lentement à son goût. Il en profite pour mater les gonzesses qui marchent dans la rue, ce qu'il n'a jamais le droit de faire quand il est au volant...

Le bureau ambulant de Michel est en fait un curieux mélange de taule rouillée et de cuir neuf.

Car, s'il se fiche complètement de l'aspect extérieur de ses véhicules, Mimi se montre intransigeant pour son confort. La DS est équipée d'un radio-téléphone, ce qui lui permet de ne pas perdre de temps, même en cas de panne.

« Tu te rends compte le trip que je me paie, dit-il un matin à Aldo. J'adore les années 60, et j'ai pour chauffeur une ancienne idole dans sa voiture d'origine ! »

Soucieux d'aller jusqu'au bout de son fantasme sixties, Michel s'est même fait placer un vieux poste au son nasillard qui lui rappelle les vieux transistors d'époque. Comme Aldo s'en étonne, Coluche lui explique :

« C'est simple, si tu mets un poste qui vaut une brique dans une voiture, t'es sûr de te faire casser la vitre. Les voleurs d'autoradios sont des pros, je les connais. Ils ne se feront jamais chier à défoncer une portière pour un poste cheap... »

Quant au radio-téléphone, s'il permet d'organiser des rendez-vous, d'annoncer des retards et de rester en contact aussi bien avec Europe qu'avec Canal Plus, il trouve aussi son utilité au moment des repas. Un simple coup de fil permet de commander, au bar de l'Athénien, plusieurs plateaux qui seront consommés pendant la préparation de l'émission d'Europe 1.

Heureusement, Michel finira par se laisser convaincre de troquer son « tas de boue au look d'enfer » contre une Mercedes toute neuve. Deux émissions en direct, plus les Restaurants du Cœur, ne tolèrent pas un véhicule qui risque de tomber en panne constamment. Ce qui ne l'empêchera pas de ressortir de son garage, aussi souvent que possible, l'une de ses caisses impossibles. Par nostalgie.

Loin de stresser Michel, son nouveau rythme de vie le stimule. Dès le matin, quand il arrive dans le studio, en signe d'amitié et de bonne humeur, il touche la bite à tout le monde, d'un petit geste furtif destiné à surprendre.

Le premier effet de surprise passé, toute l'équipe de l'émission n'aura désormais plus qu'un souci : se protéger le bas-ventre des deux mains au moindre déplacement pour se mettre à l'abri de la nouvelle mode Coluche.

La secrétaire, de son côté, a droit à un traitement similaire. Pour lui dire bonjour, Michel lui attrape les seins à pleines mains, avant de se mettre au travail.

Personne n'est épargné, pas même Maryse qui, en pleine émission, voit placés sous ses yeux les objets et les photos les plus pornos : godemichés, gants à bite (faits mains) et autres prises de vue, du genre « femme avec chien ».

Puis il s'en prend à Aldo, devenu son souffre-douleur. Il lui reproche de n'avoir trouvé que cent cinquante-huit blagues pour la journée, alors que le malheureux a passé la nuit dessus.

« Non, mais, franchement, tu crois qu'on est en vacances ? Tu dors ou quoi ? »

Pour se détendre, Michel s'est abonné au magazine *Swing*, un hebdomadaire d'échangistes. Dès qu'il a un creux, il relit les lettres reçues et répond de temps en temps aux propositions. A ce titre, il a surnommé un de ses copains « Monsieur Swing », Jean-Claude Dupieu, le garagiste de la bande. A son corps défendant, celui-ci s'est retrouvé un jour gentil membre et fidèle abonné de cette excellente revue.

La mode du touche-bite s'est tellement répandue dans les couloirs d'Europe que Michel décide désormais de l'institutionnaliser sur le plan national. Le coup a bien réussi avec le terme « enfoiré », pourquoi ne pas essayer ?

« Dorénavant, annonce Coluche, chaque fois que je rencontrerai une personnalité du show-biz ou un journaliste, au lieu de lui serrer la main je lui toucherai les couilles pour voir la tête qu'il fera. Et j'ai bien l'intention de faire ça avec un ministre un jour ou l'autre. Les politiciens russes s'embrassent bien sur la bouche, je ne vois pas pourquoi on ne se toucherait pas la bite à travers le pantalon. C'est moins sale ! »

Quant aux potes, qu'il a commencé par appeler « enfoirés », maintenant c'est : « Salut, les pédés ! » Les filles ont droit à un « Salut, les pouffes ! » tout aussi affectueux.

Ses lettres, il ne les achève plus par le traditionnel « je vous prie d'agréer... », mais signe : « prout ! Coluche ».

Lorsqu'un jour, pour plaisanter, Aldo lui demande :

« Qu'est-ce que tu penses de ça, patron ? »

Michel lui rétorque :

« Me gonfle pas à m'appeler patron, sinon je vais t'appeler employé, tu vas voir l'effet que ça fait ! »

Coluche est très sensible aux rapports d'amitié dans le travail. Ce qui ne l'empêche pas, par la suite, de se foutre d'Aldo avec des phrases du genre : « Qu'est-ce qu'on dit au patron ? » Ou bien : « Alors, qu'est-ce que tu as fait aujourd'hui pour ton patron ? »

Mais, s'il prend son rôle de chef un peu en dérision, il se montre par contre intransigeant dès qu'il est question de chiffres. Un deal est un deal ! Il ne supporte pas les salaires tronqués des charges sociales et exige que les paies soient calculées nettes et rondes. Si l'un de ses acolytes est engagé à 10 000 F par mois, c'est 10 000 F qu'il doit toucher, pas un sou de moins... Ce qui donne de véritables migraines aux comptables, chargés de calculer les salaires à partir du net et non du brut comme le veut la tradition...

C'est une période un peu folle, où tout semble possible à Michel. Comédien le mieux payé de France — et pour cause, son seul nom sur l'affiche allonge les queues devant les salles de cinéma —, animateur d'une émission largement diffusée dans laquelle il a toute latitude pour s'exprimer, responsable d'un show télévisé où tous les délires sont permis, le revoilà, par ailleurs, au sein même d'un débat qui l'a toujours passionné.

Depuis les élections de 1981, c'est la première fois qu'il apparaît sur la scène politique et sociale avec, cette fois, quelques barrières mais aucune controverse. Jouant l'atout du cœur, celui de sa vraie nature, il est sûr de gagner !

C'est dans cet état d'esprit qu'il se permet des coups fumants, des blagues de collégiens réalisées à l'échelon national, tel son mariage avec Thierry Le Luron.

Depuis qu'il a, selon ses propres termes, « considérablement élevé le niveau de la plaisanterie », Coluche se fait un point d'honneur à ne jamais repasser la barre inférieure. Plutôt le silence que la médiocrité ! Quel autre clown peut se vanter d'être le familier des grands de ce monde ? Michel ne s'en vante pas, il apprécie et se marre.

Un après-midi d'automne, Michel est en pleine émission lorsque la porte du studio s'ouvre sur Giscard d'Estaing. Tout le monde se fige, sauf Michel qui, tranquillement, finit de raconter une histoire particulièrement salace. L'ancien président de la République entre dans le studio. Michel attend la page de pub et coupe le micro :

« Bonjour, comment allez-vous ? le salue chaleureusement Giscard en lui serrant la main. J'étais inquiet de votre santé depuis notre dernière rencontre... Et les Restaurants du Cœur ? Est-ce que vous obtenez les résultats espérés ? »

C'est vrai qu'au cours de leur dernière entrevue, Michel avait un peu trop poussé sur la fumette. Pas dupe, Giscard avait montré sa désapprobation tout en se montrant courtois. Michel élude la question de sa santé. Les Restaurants du Cœur ? Ça irait mieux si les municipalités de droite leur manifestaient autant d'intérêt que celles de gauche.

Giscard d'Estaing prend bonne note et lui affirme, avant de le quitter, qu'il s'occupera personnellement du problème. Une promesse tenue puisqu'il introduira Coluche quelques semaines plus tard auprès de Pierre-Christian Taittinger, vice-président du Sénat.

Les bureaux de Giscard, heureuse coïncidence, sont situés rue François-Ier, juste en face d'Europe 1. L'ancien président et Michel n'ont donc pas beaucoup de chemin à faire pour se rencontrer. Par la fenêtre du studio, il est possible de voir celle de Giscard, derrière laquelle, parfois, se profile sa silhouette. Ce qui permet de temps en temps à Michel de se livrer à des pitreries sans nom, à travers les rideaux, comme s'il communiquait avec le leader de l'U.D.F...

Giscard d'Estaing n'est jamais là, bien sûr, pour assister au spectacle qui lui est prétendument destiné, mais deux de ses secrétaires, par contre, paraissent vivement l'apprécier. De signes amicaux en clowneries, Michel décide de faire leur connaissance. Ce sont deux jeunes stagiaires, B.C.B.G., branchées, un peu naïves et très fraîches. Le genre que Mimi adore.

Il les reçoit une première fois à Europe. Les jeunes filles sont fascinées. Elles aiment la musique, et déclarent vouloir apprendre le métier.

Touché par leur gentillesse, et sans doute aussi par leur côté chic, Michel se prend d'amitié pour elles et promet de les aider. Elles viendront par la suite, à de nombreuses reprises, le voir travailler et écouter ses conseils.

Dorénavant, à ses fonctions, Michel pourra ajouter celle d'imprésario des secrétaires de Giscard... Pour leur prouver sa sympathie, il ira même jusqu'à leur offrir une paire de P.-J. (porte-jarretelles) et de bas. Pas question qu'elles continuent à le fréquenter si elles ne font pas partie du club ! Coluche se prétend inspecteur de la P.-J. et prend sa tâche très au sérieux... Une idée qui l'amuse surtout lorsqu'il pense à la tête que ferait Giscard d'Estaing s'il découvrait l'origine de cette nouvelle fantaisie vestimentaire...

Autre visite remarquée, peu de temps après Giscard, celle de Gaston Defferre. Le célèbre maire de Marseille vient de passer au « Club de la Presse » et ne peut s'empêcher de faire un détour par le studio de Coluche. Il entre en coup de vent, salue tout le monde avec son accent chantant et se tourne vers Michel :

« J'en ai une à vous raconter, Coluche, celle-là, vous allez vraiment " ri-reu" ! »

Avant que Michel ait eu le temps de se remettre de sa surprise, Gaston se penche à son oreille et, pouffant, s'étranglant presque de « ri-reu », la main au coin de la bouche, lui balance une blague genre Marius au bordel.

« Ouais, super, très drôle ! » commente Michel qui l'a peut-être entendue cent fois mais qui apprécie la situation.

Trop tard, la maire de Marseille s'est déjà rué dans le couloir sans même dire au revoir...

En cette période enfiévrée où gags et rigolades alternent avec les moments sérieux consacrés à la préparation des émissions et le lancement des restos, Michel a constamment la tête pleine de projets : pour ses soixante ans, pour sa retraite, il hésite entre deux plans : soit acheter une véritable île dans les Caraïbes ou au large de l'Amérique du Sud pour y établir une république dont il serait le dictateur (un dictateur consacré au bien de son peuple), soit acquérir un petit garage à Porto Rico. Il apprécie le charme espagnol, Dario Moreno, les rouflaquettes et les moustaches, les motos et les bagnoles... Deux rêves qu'il remet sans arrêt sur le tapis.

Les dîners « sérieux » auxquels apparaissent de nouvelles têtes sont de plus en plus nombreux. Pour rompre la monotonie des repas qui parfois le barbent, Michel invente un nouveau jeu. La ligne de poivre ! Au cours du dîner, il renverse le poivrier sur la table, se tire une ligne et, un doigt sur la narine, fait semblant d'aspirer. Sa technique est tellement au point (il souffle au lieu d'aspirer) que personne ne s'aperçoit de la supercherie. Et certains snobs un peu naïfs d'essayer à leur tour... avant de se ruer dans les toilettes, toussant, les yeux rouges, jurant qu'on ne les y reprendrait plus, sous les éclats de rire des initiés.

« Ces cons sont capables de sniffer n'importe quoi

du moment que c'est à la mode », ricane Coluche, dont l'innocente plaisanterie n'a pas fini d'animer la morosité de certains entretiens...

C'est sans doute aussi par plaisanterie que, dérangé chez lui par un policier, Michel ne se prive pas de le traiter d'enculé... Une affaire qui n'ira heureusement pas trop loin, mais à l'issue de laquelle Coluche sera condamné à « soixante heures de travaux d'intérêt général ».

Ses soixante heures, il accepte de les purger à Quimper, où il assiste à un coup de pub du ministère de la Justice : la « réinsertion sociale » de trois délinquants que l'on envoie en mer sur un trimaran alors qu'ils n'ont jamais fait de voile de leur vie. Coluche baptise le trimaran — la bouteille de champagne a d'ailleurs du mal à se casser — et commente ainsi l'inauguration :

« Pour lutter contre la délinquance, on envoie trois biquets sur un trimaran pas marrant du tout. Les pauvres, quoi qu'ils aient fait, ils ne méritaient pas ça ! »

Immédiatement après, sa « dette envers la société » étant purgée, Coluche saute dans un avion pour Lille où il doit rencontrer Pierre Mauroy.

L'ancien premier ministre le reçoit d'une manière très courtoise dans son bureau particulier, où il tente de lui expliquer que, bien qu'il apprécie son œuvre, personne ne meurt plus de faim, en France, à notre époque.

« Le gouvernement annonce le chiffre de cinq cents mille personnes vivant dans un état de précarité avancée, rétorque Coluche. Comme l'opposition affirme qu'il se situerait plutôt autour de deux millions, la vérité doit donc tourner autour d'un million. »

Michel sait alors qu'il aura gain de cause.

Après le vin d'honneur, au cours duquel le maire fait ses adieux et offre quelques cadeaux, Michel quitte les lieux, sous le regard amusé, ou choqué, de nombreux spectateurs. Coluche porte son costume du dimanche : c'est-à-dire une salopette et une casquette de titi parisien, le tout agrémenté d'une paire de lunettes en écaille.

Puis vient l'inauguration du premier local lillois des Restaurants du Cœur. Michel est présenté au président du conseil régional, Noël Joseph. Un bon feeling s'installe entre eux. Joseph Noël est un enfant de l'Assistance publique. Ça crée des liens...

Voitures officielles, avion privé, traversée des villes sur les chapeaux de roues ! Coluche est traité comme un personnage officiel alors même qu'il vient d'être condamné pour outrage à un agent de police... Mais ses hôtes se gardent bien de lui parler de cette affaire !

Le 14 décembre a lieu la première opération médiatique vraiment importante pour les Restaurants du Cœur. Europe 1, sur l'impulsion de Philippe Gildas que Michel ne s'est pas gêné de travailler quotidiennement depuis deux mois, offre six heures et demie d'antenne aux Restos.

Michel est debout à cinq heures, anxieux, agité.

A six heures, toute l'équipe est à Europe, autour de Philippe Gildas. Les premiers invités commencent à arriver. Daniel Guichard, à six heures trente, bientôt suivi d'Enrico Macias, de Michel Sardou, de Johnny Halliday, de Rika Zaraï, de Gérard Lanvin...

Une fois de plus, tout le monde du show-business a répondu à l'appel de Coluche.

Daniel Balavoine se pointe vers dix heures trente. Il restera aux côtés de Michel jusqu'à la fin de l'émission.

Un micro accroché à sa veste, Michel reçoit les gens invités ou simples auditeurs. C'est l'heure de la vérité. Le premier appel de fonds. La France va-t-elle répondre positivement à Coluche ? Les Français vont-ils soutenir les Restos ?

Quarante-huit heures plus tôt, aux riches comme aux pauvres, Michel avait demandé de l'aide. Aujourd'hui, ils sont là, devant Europe. Près de cinq cents personnes font la queue, attendant le plaisir de remettre leur chèque en mains propres à Michel.

Il répond à tout le monde, a un mot gentil pour chacun. Il s'émeut devant de vieilles dames venues apporter simplement du chocolat ou des biscuits, devant une petite fille de huit ans venue lui donner l'argent de sa tirelire.

Michel est au bord des larmes.

Profitant des instants où il n'a pas l'antenne, Michel discute avec Balavoine, qui lui raconte son projet de pompes à eau pour le Sahel. Dernier échange d'idées entre les deux potes... Dernière promesse :

« Te casse pas, Michel, si jamais tu t'arrêtes, je serai là pour reprendre le flambeau ! »

Pour stimuler les auditeurs, pour les remercier de leurs dons, mais aussi pour stimuler Michel qui en a énormément besoin, les chèques sont comptabilisés au fur et à mesure. De temps à autre, Coluche lui-même aide à compter les pièces et les petites coupures...

En dons directs, s'étalent sur les bureaux d'Europe plus de 300 000 F !

Le mariage de l'année 1985 avec Thierry le Luron.
« Pour le meilleur et pour le rire. »

Les Restos existent. Ici, avec Aldo, Jean-Mi et Nono.
Coluche a gagné son pari.
(Ile Maurice, avril 1986.)

En réalité, cette journée rapportera au total cinq millions de francs. Un record pour Europe 1 qui n'en est pourtant pas à sa première opération humanitaire...

C'est le premier coup d'envoi des Restaurants du Cœur !

Michel multiplie les interviews, comme il l'a fait pour la campagne présidentielle. Mais avec un sérieux qui étonne parfois les journalistes. Il reste drôle, continue à faire des blagues, mais ne supporte pas la moindre agressivité : une journaliste venue le cuisiner avec pour seule intention de démolir les Restos à travers lui, s'en rendra compte à ses dépens et, vexée de se voir insultée, prétendra avoir été molestée... Il refuse le jeu habituel journaliste-artiste, où l'interviewer se doit de « baiser » l'interviewé pour avoir le meilleur papier possible.

« Qu'on essaie de me baiser, d'accord. Mais pas les Restos ! »

A bon entendeur...

Les Restaurants du Cœur sont lancés. Un peu partout, en France, les municipalités répondent à l'appel. L'association s'organise. Les fonds continuent à arriver. Toulouse, Marseille, Strasbourg... presque toutes les villes de France voient débarquer Michel. Et le même scénario se répète : visite officielle à l'hôtel de ville, pot, inauguration du local.

Mais Michel, s'il sait si bien donner, ne sait pas demander. A Bordeaux, où Paul Lederman l'accompagne, il passe sur FR3 après avoir été accueilli par Jacques Chaban-Delmas. La journaliste lui demande si, à l'issue de cette conférence, il a quelque chose à dire, un souhait à formuler :

« Non, non, tout va très bien, merci ! Je n'ai besoin de rien ! »

Il reçoit alors un grand coup de coude dans les reins :

« Comment tu n'as besoin de rien ? Profites-en au contraire pour demander de l'argent pour les Restaurants du Cœur ! » lui glisse Paul Lederman à l'oreille.

Michel réalise son erreur, rattrape la journaliste et s'écrie naïvement :

« Ah ! oui, j'oubliais. Il faudrait que les gens envoient de l'argent pour les Restos. Il nous faut beaucoup d'argent ! »

Au cours de la même émission, un autre journaliste lui demande s'il va, lui-même, manger aux Restaurants du Cœur.

« Vous faites erreur, répond Michel. Moi, je n'ai pas faim. Je vais très bien et je mange quand j'en ai envie. Il y en a, par contre, qui n'ont rien à se mettre sous la dent, c'est pour eux que les Restos existent.

— Votre association est donc une œuvre de charité ? »

Charité est un mot que Michel déteste :

« Le droit de manger fait partie des droits de l'homme ! Les Restos du Cœur doivent mettre les gens en situation de pouvoir manger sans dépenser le peu d'argent qu'ils ont encore et qu'ils doivent consacrer à chercher du boulot, à s'habiller, à survivre. Je ne veux pas que les gens soient nourris sans rien faire. Je veux leur donner à bouffer pour qu'ils aient des forces et aillent chercher du travail ! »

A la fin du mois, Coluche se rend à une réunion des plus importantes avec Henri Nallet, ministre de l'Agriculture. Il doit concrétiser un accord pour obtenir les produits qu'il souhaite aux meilleurs prix. C'est-à-dire avoir accès aux stocks de l'Ofvival, un organisme qui possède en réserve une énorme quantité de viande afin de régulariser le marché dans le cas d'une violente chute des cours.

Tandis qu'Aldo l'attend dans la voiture, préparant les histoires drôles de l'émission, débarque dans la cour une foule de manifestants — sans doute une manifestation de la C.G.T. — avec tout l'attirail : calicots, banderoles qu'ils accrochent au balcon du premier étage. A ce même moment, Michel redescend. Un mauvais coucheur repère alors Michel, sortant de la réunion, l'agresse :

« Qu'est-ce que tu viens foutre ici, toi ? »

Michel tombe des nues. Il vient de conclure son accord : le prix de revient des plateaux-repas va encore baisser et donc davantage de personnes pourront en profiter. Lui qui, la plupart du temps, répond à l'agression par un mot d'humour, saute à la gorge du cégétiste.

Aldo a juste le temps d'intervenir et de les séparer. Déjà, les autres se rapprochent, menaçants.

« Non, mais, regarde-moi ces cons ! » hurle Michel.

Aldo parvient à le calmer et le conduit au fond du jardin pour qu'il sorte du ministère par une petite porte.

De retour à Europe 1, Coluche se livre à un petit calcul. Il prend le chiffre total de la population française et le nombre de syndiqués qui est de 12 p. 100. Il en arrive à la conclusion que la C.G.T., qui regroupe 28 p. 100 des syndiqués, ne représente pas plus de 3 p. 100 des travailleurs français.

« 3 p. 100 qui n'arrête pas d'ouvrir sa gueule et de faire chier ! » s'écrie-t-il.

Il invente aussitôt le slogan : « Krasucky, kiki, syndicat, caca ! »

« Dis donc, c'est sans arrêt occupé ta ligne ! vocifère Jean-Mi au téléphone.

— C'est normal, c'est encore un coup de la C.G.T. », rétorque alors Coluche (c'était l'époque de l'occupation des locaux).

Dans les mois qui vont suivre, Michel et Jean-Mi rencontreront souvent Henri Nallet, avec lequel s'est immédiatement instauré un grand courant de sympathie. Le ministre de l'Agriculture, impressionné par les démarches de Coluche, et totalement acquis à la générosité de la cause, interviendra plus d'une fois pour aider les Restaurants du Cœur. Coluche se sent tout à fait à l'aise avec le ministre. Mais les titres et les fonctions ne l'ont jamais impressionné même s'il est flatté d'être admis et reconnu par les grands de ce monde.

Lors d'un dîner en compagnie du ministre, de son épouse, de Jean-Mi, de Paul, d'Alex et de deux gestionnaires dans la salle à manger du ministère de l'Agriculture, Michel se laisse emporter par la conversation. Chaque fois qu'un débat le passionne, il ne peut s'empêcher d'interrompre son interlocuteur, de lui taper sur l'épaule, de ponctuer ses phrases par des « mais non, t'as rien compris ! ». Henri Nallet, comme tout le monde, a droit ce soir-là à un échantillon de sa spontanéité et de sa conviction. En quelques mots fougueux, Michel démonte l'économie, réorganise le système, s'informe et analyse... A la fin du dîner, comme s'il était en compagnie d'un pote de longue date, Mimi sort du papier à rouler, un peu d'herbe et... se roule un pétard sous le regard incrédule de l'épouse du ministre.

« Tu te rends compte de ce que tu as fait ? dira Jean-Mi un peu plus tard, encore sous le choc de son audace.

— Et alors, répondra Michel. Comment tu crois que j'ai passé le temps dans la bibliothèque de l'Élysée, en attendant d'être reçu par Mitterrand ? »

Un petit pétard, certes, pour l'anecdote, mais pendant le dîner, ce que Michel a obtenu a permis un nouveau bon colossal aux Restaurants du Cœur : désormais la viande sera achetée désossée, ce qui permettra une économie de 5 F au kilo !

Outre ses interventions régionales, Coluche, en tant que responsable d'une association charitable, se doit de rencontrer les dirigeants d'autres associations similaires. Il a plein de choses à leur proposer, se souvient sans doute de l'époque où il tentait de réunir toutes les minorités, et se propose donc de leur construire un programme commun.

Une première réunion a lieu au siège de la Fonda. Sur les vingt-cinq délégués d'associations attendus, seuls sept ou huit se présentent. La moitié des absents a eu peur de ce contact, l'autre moitié pensait que Coluche ne se déplacerait pas en personne et a donc estimé inutile de venir. Malgré le peu de monde réuni, Michel explique ses objectifs et tente de les convaincre et de les débloquer.

Au beau milieu de son discours, une brave dame l'interrompt :

« Vous ne vous rendez pas compte que vous risquez d'augmenter nos capacités de distribution. On ne pourra pas suivre. »

Michel se tourne vers elle :

« Vous déconnez ! »

Regards offusqués. Michel n'a pas exactement

adopté le ton qui convient à ce genre d'assemblée. Il renchérit :

« Quand je vous dis, il y a trop de pauvres à nourrir, vous avez peur parce que vous savez que vous n'avez pas les moyens de les aider. Vous voulez faire reculer la pauvreté dans son ensemble, ce qui est louable mais impossible maintenant. Moi, ce que je veux, c'est seulement donner à bouffer à ceux qui ont faim ! »

Curieusement, cette première réunion se termine par une distribution d'autographes. Tous ont des enfants. Quelques-uns avouent même que, l'autographe, c'est pour eux...

Avec les Restaurants du Cœur, la vie déjà mouvementée de Coluche a pris un rythme infernal. Les rendez-vous se succèdent, les déplacements, les conférences. Le public a souvent du mal à le reconnaître tant il paraît sérieux dès qu'il est question de l'association. Ses amis comprennent : le rire à la Coluche est une façon d'agir, surtout lorsqu'il fait grincer. Cette fois, l'action est concrète, et Michel a parfois du mal à ne pas rester sérieux. Lederman le lui reproche d'ailleurs.

« Attention, là tu deviens chiant ! »

Coluche s'en rend bien compte. Son pouvoir, c'est avant tout le rire. Il se reprend, se souvenant de ses propres paroles :

« Ce qu'il me faut, c'est un pouvoir, pour donner un peu d'air au ras du sol ! »

A force de vouloir convaincre, il se perd souvent dans des explications compliquées, même sur l'antenne. Le domaine des lois, des règlements, n'est pas tout à fait son terrain de chasse habituel. Il finit même par se planter :

« Envoyez vos ronds ! Vous pourrez déduire les dons de vos impôts ! »

Ce message passe sur Europe pendant plusieurs jours. Appels affolés de quelques juristes : ce n'est pas tout à fait ça, les textes sont plus complexes ! Et d'expliquer le système de dégrèvement des 5 p. 100 pour les donations aux associations reconnues d'utilité publique. Coluche en attrape là des maux de tête. Il se rencarde auprès de la Fonda. Met Jean-Mi sur le coup :

« Étudie-moi la fiscalité, Jean-Mi. Leur truc est trop compliqué, je suis sûr que c'est encore fait pour nous baiser la gueule ! »

C'est de cet incident, puis de l'analyse de toute une série de décrets confus que naît l'idée de la loi Coluche.

Une loi simple : la possibilité aux donateurs de déduire 70 p. 100 des sommes versées directement de leurs impôts et non de leur revenu imposable tel que le précisait le texte précédent. Un projet qui va d'ailleurs être pris très au sérieux par le Sénat et par son vice-président, Pierre-Christian Taittinger.

Au mur de son bureau, à Europe 1, Coluche a épinglé, entre deux photos pornos et une lettre de Georges Marchais, une phrase admirablement calligraphiée, qu'il a écrite lui-même. « UNE DISTRIBUTION GÉNÉREUSE NE SE CONÇOIT PAS SUR UNE SUSPICION DE FRAUDE. »

C'est en fait une phrase de Ségolène Royale, chargée de mission à l'Élysée, qui a reçu Michel quelques jours auparavant.

A l'occasion de cette réunion — petit déjeuner à l'Élysée dans de la porcelaine de Sèvres —, un représentant à la direction des Impôts avait fait remarquer que tout le problème des Restaurants du Cœur résidait dans le contrôle de la distribution :

« N'importe qui peut se prétendre pauvre et bénéficier d'un don auquel il n'a, en fait, pas droit ! »

C'est alors que Ségolène Royale avait jeté la phrase :

« Une distribution généreuse ne se conçoit pas sur une suspicion de fraude !

— C'est bien, ça ! avait réagi Michel. Je vais la retenir... »

Regard de Ségolène Royale. Parlait-il sérieusement ou bien se moquait-il d'elle ? Elle ignorait que sa réplique allait figurer pendant des mois à la place d'honneur dans son bureau...

Malgré l'argent qui, sans affluer, se fraie un pénible chemin jusqu'au compte en banque des Restaurants du Cœur, malgré l'incroyable retombée médiatique dont bénéficie Michel grâce à Europe 1 et Canal Plus, l'association est loin d'avoir atteint sa vitesse de croisière.

Ce sont 150 000 personnes qu'il faudrait nourrir chaque jour. Ce qui représente le chiffre astronomique et quotidien de 750 000 F, à 5 F le repas...

Depuis le mois de décembre, Michel travaille à une vaste opération. Un coup de grande envergure sans lequel, il en a peur, les Restos ne parviendront pas à survivre.

Avec Paul Lederman, il a pris l'habitude de voir grand dès qu'il est question de promotion : et ce qu'ils comptent organiser n'est rien moins qu'une journée *Restaurants du Cœur* avec le soutien de la totalité des médias français.

La première chaîne de télévision offre un après-midi entier. S'y joignent Europe, RMC, RTL et la plupart des radios privées. La date du 26 janvier est retenue.

Une journée chargée de symboles. Michel réussit, pour la première fois, à réunir sur un plateau de télévision des gens qui ne se rencontrent habituellement que pour s'affronter. Et les politiciens de gauche comme de droite ont tous répondu à l'appel. Mais sont aussi présents tous les présentateurs vedettes de la télévision française, de Guy Lux à Mourousi, ainsi qu'une multitude d'artistes de la chanson et du cinéma.

Quelle que soit la suite du déroulement de la journée, quel que soit l'impact sur les téléspectateurs et le résultat final sur le plan financier, Michel est déjà très fier d'avoir réussi l'organisation d'une opération d'une telle envergure. C'est une trêve qu'il offre à la France. Un instant privilégié où les conflits d'intérêt personnel passent au second plan. Une journée positivement consacrée à l'un des droits fondamentaux de l'homme mais que l'on oublie trop souvent : celui de manger !

Dès son entrée à la Maison de la radio, Michel est impressionné par l'ampleur des préparatifs de l'émission. Il est aussitôt entouré d'une multitude de personnes : présentateurs, organisateurs, représentants locaux des Restaurants du Cœur...

La journée va être chargée. Malgré sa tension, Michel paraît détendu. Il va de l'un à l'autre, glisse une plaisanterie, un mot gentil, surveille les préparatifs du coin de l'œil, donne son avis... Pendant ce temps, Ludo « parque » les vedettes, Jean-Mi accueille les hommes politiques, Paul Lederman et Aldo tentent de mettre à l'aise les invités.

Difficile de faire plaisir à tout le monde, car, si les politiciens ont leur mot à dire, les téléspectateurs donnent certainement leur préférence aux

Paris, le 4 Février 1986

<u>Monsieur Georges MARCHAIS</u>

PARTI COMMUNISTE FRANCAIS
Place du Colonel Fabien
75019 PARIS

Monsieur,

Nous avons commencé à travailler sur un projet de loi qui concerne les déshérités.

Nous aimerions avoir votre avis, ainsi que vos consêils.

Si vous êtes intéressé, soyez aimable de me joindre à EUROPE 1 - 26 bis, rue François 1er - 75008 PARIS Tél. : 47.23.18.94 ou 47.23.14.94.

Votre camarade,

COLUCHE

ASSOCIATION DES RESTAURANTS DU COEUR
TOUR MAINE - MONTPARNASSE
33, Avenue du Maine
75755 PARIS CEDEX 15
Tél. (16-1) 45 38 18 04

11, rue Gazan
75014 PARIS

Paris, le 15 Mai 1986

Monsieur Alain JUPPE
MINISTRE DU BUDGET
Ministère du Budget
93, rue de Rivoli

75056 PARIS RP

Monsieur le Ministre,

Lors de notre entretien courant Février sur les Restaurants du Coeur, vous avez bien voulu proposer une rédaction de notre avant-projet de loi qui paraissait en tous points conforme à nos souhaits.

C'est pourquoi je me permets de vous demander comment vous pensez mettre en oeuvre cette disposition indispensable à la poursuite de l'action des Restaurants du Coeur l'hiver prochain.

Je suis à votre disposition pour tout nouvel entretien que vous voudriez bien m'accorder à ce sujet.

Je vous prie de croire, Monsieur le Ministre, à l'assurance de ma haute considération.

Coluche

chanteurs et, au milieu de tout ça, il faut expliquer les Restaurants du Cœur, convaincre, annoncer l'arrivée des dons...

Les minutes passent et le studio se remplit. Où placer tout le monde ? Qui faire passer en priorité ? Quel temps de parole accorder à chacun ? Car, bien que préparée par des professionnels, l'émission est une grande première qui surprend tout le monde dans ses habitudes. Et Michel, par-dessus tout, tient à ce qu'elle conserve toute sa spontanéité.

Et le miracle s'accomplit. De la cohue des stars étroitement mêlées aux politiciens, du brouhaha des invités qui gagnent leur place tandis que les assistants et les régisseurs crient des ordres, que les cameramen préparent leurs angles et que les électriciens achèvent de tirer leurs câbles, commence à poindre un climat de fête. Et c'est là l'un des plus incroyables talents de Michel. De par sa seule présence il est capable de fondre la morosité.

Lorsque, enfin, l'émission commence, c'est l'euphorie générale. Tout le monde du show-biz se trouve là. Michel est acclamé. Hors antenne, il passe d'un fauteuil à l'autre, fait patienter. Pour lui, tous ceux qui ont répondu présent à son appel ont la même importance. Dans les coulisses, Jean-Mi et Ludo continuent à canaliser les séances de maquillage. Quelques incidents éclatent, Y veut passer avant X. Rien de bien méchant ! Sur le plateau, l'émission suit son cours. Les dons affluent. Le relais téléphone de RMC, d'Europe 1 et de RTL comptabilisent les appels des auditeurs qui promettent telle ou telle somme. Les politiciens sur place promettent — mais tous ne tiendront pas leurs engagements. Les stars rivalisent de générosité. Les totaux annoncés finissent même par devenir impressionnants...

Au fil des heures, les traits de Michel se creusent de fatigue, mais son regard brille de bonheur. Chaque fois qu'un chiffre est annoncé, des centaines de chômeurs, d'indigents, de malheureux, déshérités au sein d'une société d'opulence, vont pouvoir manger gratuitement.

L'émission s'achève. Michel remercie les uns et les autres, salue les derniers partants et se retire dans les coulisses. Là, il s'effondre sur une chaise, entouré de ses plus proches amis.

« C'est super ! s'exclament-ils. Les Restos existent. Tu as gagné. »

Le résultat final qui ne sera connu qu'une semaine plus tard s'élève à vingt-cinq millions de francs, la plus grosse collecte de bienfaisance jamais organisée sur le territoire français.

Mais quelque chose, dans l'attitude de Coluche, les étonne. De dos, il paraît trembler, soudain il éclate en sanglots.

« Michel ! »

Ludo, le premier, lui prend la main. Aldo passe son bras autour de ses épaules. Jean-Mi lui presse le bras.

Mais Michel ne peut s'arrêter de pleurer. La tension a été trop forte. Il se bat depuis trop longtemps.

Et, tandis que de l'autre côté du décor les électriciens font un bruit d'enfer en déplaçant leurs câbles, que les constructeurs achèvent la remise en ordre du studio, Coluche se laisse aller au bonheur de s'abandonner...

M. Valéry GISCARD D'ESTAING

66, rue Blatin
63000 CLERMONT-FERRAND

Paris, le 18 Mars 1986

Monsieur le Président,

Juste un petit mot pour vous remercier de l'aide efficace que vous nous avez apportée pour les Restaurants du Coeur, par l'intermédiaire de M. TAITTINGER, sur qui je compte d'ailleurs dans l'avenir.

Je voulais aussi vous féliciter pour l'excellente campagne que vous avez menée. J'ai été ravi de retrouver à la télévision le Président qui nous avait séduit en 1974.

Nul doute que vous participerez efficacement à rendre à la France l'équilibre qui lui manque.

Au plaisir de vous rencontrer à nouveau.

Je vous prie d'agréer, Monsieur le Président, mes salutations respectueuses.

COLUCHE

Coluche

Monsieur François MITTERRAND

Palais de l'Elysée
90, rue du Faubourg-St-Honoré
75008 PARIS

Paris, le 18 Mars 1986

Monsieur le Président,

Mes camarades et moi avons été très honorés de vous recevoir, nous regrettons juste que ça ne soit pas plus souvent ! C'est l'aboutissement d'une carrière de "militant" que d'approcher son Président.

Vous m'avez encore épaté à la télévision et je pense que vous atteindrez 65 % de popularité avant la fin de l'année (plus fort que Reagan !).

Vous avez battu la droite en 81, maintenant vous allez la commander jusqu'en 88, je ne vous dirai qu'un mot : Bravo, continuez ! c'est super !

Je fais partie de ceux qui comptent sur vous et sur qui vous pouvez compter.

Au plaisir pressé de vous rencontrer à nouveau.

Je vous prie d'agréer, Monsieur le Président, mes salutations respectueuses.

COLUCHE

BON, D'ACCORD ! JE ME REPRÉSENTERAI EN 2002 !

JOURNALISTES et vedettes du show-biz ne conçoivent pas de passer à Europe 1 sans s'arrêter, ne serait-ce qu'une minute, au siège de l'Enfoiré. Chacun y va de son histoire drôle, ce qui a parfois le don d'exaspérer Michel. Ses blagues existent depuis toujours, elles appartiennent au patrimoine culturel juif, belge, arabe ou russe, mais tout l'art réside dans la façon de les raconter. Et ce don qu'il possède, personne ne peut se vanter de l'égaler.

« Du calme ! grogne-t-il, excédé. Ici, les blagues, c'est moi qui les raconte. »

Ce qui ne l'empêche pas de piquer et d'adapter celles des autres, appliquant un de ses vieux principes :

« Une idée appartient à celui qui la fait ! »

Dans la rue, on l'appelle l'Enfoiré. Terme péjoratif qui, revu et corrigé par Michel, devient un mot affectueux. Il vient de prouver admirablement la portée d'un autre de ses principes : « Les mots ne veulent rien dire, seule compte l'intention. »

Le public joue le jeu. Mais deux incidents, plus que tous les autres, confirment sa victoire.

Invité à l'Élysée par le président François Mitterrand, Michel fait partie des rares personnes qui n'ont pas besoin de montrer patte blanche pour franchir le portail gardé, rue du Faubourg-Saint-Honoré. Chaque fois qu'il s'y rend, même scène : le garde national, figé dans sa guérite, regarde furtivement à droite et à gauche, attend que Michel passe à sa portée et, raide comme un piquet, remuant à peine les lèvres, lui lance :

« Salut, l'Enfoiré ! »

Lors d'une visite à Lille, en compagnie du même François Mitterrand, Michel se tient, à quelques mètres du président, si bien que la foule, assemblée en double haie d'honneur pour fêter la venue du chef de l'État, n'aperçoit pas tout de suite Coluche, dont la salopette d'apparat rose bonbon est pourtant bien voyante.

Les gens hurlent :

« Mitterrand, Mitterrand ! »

Les premiers rangs décèlent enfin la présence de Michel et se mettent alors à crier encore plus fort :

« L'Enfoiré ! L'Enfoiré ! »

Ce qui, dans la confusion des deux exclamations confondues, finit par donner :

« Mitterrand, l'Enfoiré, Mitterrand, l'Enfoiré ! »

Autre défilé à Europe, celui des copines... Michel n'a que peu de temps à leur consacrer. Si l'émission n'a pas encore commencé, il consulte sa montre : bon, cinq minutes ! Un petit clin d'œil, puis, la prenant par la taille, il entraîne sa conquête... aux toilettes. Il en ressort dans les temps, tout content, l'œil rieur. Rien ne le rend plus heureux que d'aller se faire câliner aux W.-C. C'est sa détente et ça le ravit ! Cela fait partie de ce qu'il appelle « sa séduction », un mélange de misogynie et d'amour. Lors des dîners, il suffit qu'une minette un peu huppée le regarde de trop près pour que, aussitôt, il se mette les doigts dans le nez. Plus la fille est mignonne, plus ça l'amuse, plus il insiste. Son attitude un peu bourrue, souvent excessive, parfois agressive, est-elle une façon de masquer sa timidité ? Nul ne le sait. Peut-être n'aime-t-il pas les « coups faciles » et veut-il ainsi contrebalancer sa célébrité ?

Misogynie outrancière qui ne l'empêche pas d'ailleurs d'aider autant les copines que les potes. L'une d'entre elles veut faire refaire ses seins. Elle se trouve moche, elle est fauchée... Michel, discrètement, s'empresse de lui offrir l'opération. Remise en état réussie ! la fille possède maintenant une paire de seins fantastiques. Ce qui permet à Michel d'affirmer à tout le monde qu'il est « propriétaire d'une paire de nichons », sans pour autant donner d'explication...

La notoriété des Restos est devenue telle en France que des mouvements semblables se mettent à éclore spontanément à l'étranger. Coluche se rend donc en Belgique pour inaugurer le premier Restaurant du Cœur de Liège. Là, ovation de la foule. Certains Belges, qui le détestaient ouvertement moins de six mois auparavant — sans doute lui octroyaient-ils l'invention des histoires belges — l'accueillent dans une ovation. Coluche a bien préparé son affaire. Profitant du temps d'antenne qui lui est consacré, il exige de parler en direct avec le ministre de l'Agriculture. Nouvelle idée de génie : il demande que les excédents de production à l'échelle européenne puissent être achetés par des organisations humanitaires à des prix défiant toute

N° 293 (Rectifié)

SÉNAT

DEUXIÈME SESSION EXTRAORDINAIRE DE 1985-1986

Annexe au procès-verbal de la séance du 18 février 1986.

PROPOSITION DE LOI

tendant à instituer un **crédit d'impôt** *pour les* **dons** *effectués en faveur des* **associations** *dont l'objet est d'assurer la distribution de* **repas gratuits** *en France.*

PRÉSENTÉE

Par M. Pierre-Christian TAITTINGER,

Sénateur.

(Renvoyée à la commission des finances, du contrôle budgétaire et des comptes économiques de la Nation sous réserve de la constitution éventuelle d'une commission spéciale dans les conditions prévues par le Règlement.)

concurrence. Des millions d'auditeurs sont à l'écoute. Michel « gaule » tellement bien le ministre que celui-ci se retrouve contraint de promettre.

Cette même journée, il passe à l'antenne d'une radio périphérique, puis d'une chaîne de télévision, avant d'inaugurer enfin le Resto, un vrai restaurant cette fois et non un « supermarché » gratuit comme ceux qu'il a organisés en France. La soirée s'achève par un spectacle organisé sous un chapiteau dont Adamo et Claude Barzotti sont les vedettes. Son arrivée déclenche un vrai délire. Bien que ne faisant pas partie du spectacle, Coluche se voit contraint de l'animer pendant plus de trois heures avant de regagner la France.

Il reste encore une étape à franchir. Celle de la « loi Coluche » sans laquelle, injustement, les donateurs continueront à payer des impôts sur le fruit de leur générosité. Grâce à Giscard d'Estaing, Michel est épaulé par Pierre-Christian Taittinger, importante personnalité du Sénat. Celui-ci, après avoir mûri le projet, ordonne à son équipe de rencontrer Michel.

But de l'entretien : rédiger ensemble le projet de loi. A l'heure dite, Michel et Jean-Mi se rendent donc au Sénat où ils sont accueillis par une demi-douzaine de juristes cravatés et sérieux comme des... sénateurs. Les conseillers de M. Taittinger les entraînent gentiment pour une visite guidée du Sénat. C'est un étrange cortège qui défile, ce jour-là, dans les couloirs lambrissés du Sénat. Coluche et Jean-Mi ne peuvent s'empêcher d'être impressionnés par la solennité des lieux, la bibliothèque qui, avec son aspect rococo, est l'une des plus belles au monde. Les lumières rasantes de cet après-midi d'hiver enveloppent l'atmosphère d'une teinte argentée et un peu féerique. Coluche, dont la tenue rouge et rose paraît aussi déplacée dans un tel environnement qu'un costume trois-pièces à une manif punk, se sent tout à fait à son aise. Il va même jusqu'à s'asseoir à la chaire du président de l'Assemblée et parvient à faire rire ses hôtes en mimant un débat politique dans la salle déserte.

Ils sont ensuite invités à déjeuner à la cantine du Sénat :

« Garde le menu, glisse Coluche à Jean-Mi. Avec les impôts qu'on paie, c'est pas possible que ces mecs bouffent aussi mal ! Personne ne nous croira... »

Quelques heures plus tard, après une préparation de deux semaines, le texte de loi est conçu et rédigé.

« Où devons-nous vous adresser le texte définitif ? s'enquiert cérémonieusement l'un des conseillers de M. Taittinger.

— Rue Gazan, bien sûr ! annonce Coluche, débordant d'émotion.

— Tu as vu ? J'ai même pas mon certificat d'études et ces mecs, ces sénateurs, sont en train de travailler sur une loi qui portera peut-être mon nom. »

Il attrape son complice par les épaules, l'entraîne vers la sortie. Tous deux avancent sur des petits nuages. La loi Coluche ! Rien ne peut plus les atteindre...

Mais la loi ne sera malheureusement pas votée dans son intégralité et seule une ébauche d'ouverture dans le sens d'un allégement fiscal apparaîtra dans un texte accepté par l'Assemblée en septembre 1986. Mais Michel n'en sait rien. Déjà, il pense à d'autres combats, sûr de sa première victoire.

Un soir, planté devant la télévision, il suit un reportage sur l'aide à l'Éthiopie, résultat de la campagne menée par Bob Geldof. Un avion, ne pouvant atterrir car aucune piste n'a été prévue pour le recevoir, lâche ses sacs de blé à trente mètres du sol. Les sacs tombent brutalement et s'éventrent. Avant que les Éthiopiens, consternés, n'aient pu intervenir, le vent éparpille les grains de blé sur des centaines de mètres.

« C'est pas possible que l'aide humanitaire ce soit seulement ça ! » gronde Michel.

Le reportage se poursuit et il apprend que des tonnes de nourriture pourrissent sur les quais des ports éthiopiens, faute de moyens de transport pour les acheminer.

Tout à coup lui vient une idée géniale :

« En 1940, on a inventé le biscuit de guerre. Aujourd'hui, il faut fabriquer le biscuit de paix. Un truc épais, contenant tous les aliments nécessaires à la vie. Un biscuit qui pèserait cent à deux cents grammes et suffirait à nourrir un homme pour la journée. On pourrait en larguer par containers entiers, sans qu'ils risquent de s'abîmer... »

Dès le lendemain, il fait mettre son biscuit de paix à l'étude, dans le cadre d'une extension possible des Restaurants du Cœur au reste du monde. Il faut que le biscuit soit assimilable par n'importe qui, en n'importe quel point du globe. Il en fait aussitôt étudier le prix.

Quelques jours plus tard, un rapport lui revient. Un tel biscuit pourrait exister, et son prix de revient serait de... un franc !

Mais hélas ! Coluche n'aura pas le temps de faire aboutir ce projet...

A Europe 1, les lettres arrivent chaque matin par sacs entiers. Et ces tonnes de courrier s'ajoutent aux monceaux de messages qui parviennent à son domicile. Après sa séance de « touche-bite » et de « pouet-nichons », l'une des premières occupations de Michel est de savoir si les lettres qu'il reçoit ne contiennent aucune urgence. Une bonne demi-douzaine de personnes s'attaquent, chaque matin, à les lire.

Un jour, il reçoit un appel au secours signé par plusieurs enfants d'une même classe. Ils ne peuvent pas partir en classe de neige, par manque de fric... Sans un mot, Michel sort son stylo, signe un chèque et l'envoie...

A peine un mois plus tard, il reçoit un énorme carton rempli de dessins exécutés par les enfants pendant leur séjour à la montagne.

Michel sourit, et, très fier, s'empresse d'accrocher les œuvres des gosses dans un coin de son appartement...

Michel ne parle jamais de sa famille, par pudeur, mais il ne peut cacher une multitude de petits signes qui nous révèlent ses sentiments. Il n'est pas rare de le voir arriver à l'émission avec ses enfants, d'envoyer sur l'antenne un de leurs disques préférés (sans l'annoncer, bien sûr !). Quant à sa mère, Monette, elle tient une place de tout premier choix dans sa vie.

Il lui rend visite deux ou trois fois par semaine et, quand son emploi du temps l'empêche de faire un crochet du côté de Montrouge, c'est via l'antenne qu'il s'adresse à elle.

« Salut, Monette, je suis coincé, mais voilà un disque que tu adores ! »

Pourtant, quand il s'apprête à lui rendre visite, c'est tout un cinéma. Il soupire, fait semblant d'avoir une corvée à accomplir :

« Ah ! là ! là ! les mecs, faut que j'y aille ! »

Mais dès qu'il est en bas de chez elle, son sourire s'illumine et il n'a qu'une hâte : aller l'embrasser.

Les journalistes, d'ailleurs, connaissent bien le phénomène. Qui, parmi eux, peut se vanter d'avoir pu faire parler Coluche de sa famille ?

« De qui vous parlez ? De mes relations avec qui ? Ah ! avec Mitterrand ! »

Quelle que soit la question posée, il fait semblant d'avoir mal entendu. Il ne se laissera pas prendre en otage. S'il veut continuer l'entretien, le journaliste est bien obligé d'aborder un autre sujet...

C'est par Jacques Attali que Michel reçoit, vers la mi-février, l'une des marques d'estime dont il conservera le souvenir le plus touchant. François Mitterrand, lui annonce celui-ci, accepterait volontiers de le rencontrer de nouveau, cette fois officieusement, s'il l'invitait à déjeuner chez lui, rue Gazan... Seraient conviés au déjeuner, outre Attali, Paul Lederman et Jean-Mi dont le président de la République accepte de faire la connaissance puisqu'ils font partie de son équipe. La date est alors fixée au 5 mars, treize heures précises, rue Gazan.

Dès le matin, la maison de Coluche est inspectée par deux hommes du service de sécurité rapproché du P.R. Lorsque Jean-Mi arrive, vers douze heures trente, l'un d'entre eux, vêtu d'un blouson et arborant une dégaine de reporter altérophile, observe la rue, juste à côté d'une énorme moto BMW qu'il a garée devant l'entrée pour empêcher les voitures de prendre la place.

« Vous pourriez pas bouger votre bécane, demande naïvement Jean-Michel.

— Non, répond l'homme en lui jetant un regard glacial. J'attends un pote ! »

Un pote qui n'est rien moins que le président de la République ! Celui-ci, annoncé par radio sept minutes avant son arrivée, descend d'une R25 banalisée, accompagné de Jacques Attali et de sa femme. Chez Michel, c'est le branle-bas de combat. Même lui ne parvient pas à masquer son excitation. Quant à Anita, la cuisinière, elle arbore un tablier sur lequel est dessinée une jolie caricature de Giscard d'Estaing, publiée dans *Charlie Hebdo*.

En hôte parfait, Michel fait visiter sa maison. Le président et toute l'escorte le suivent dans le sous-sol où Mimi exhibe, très fier, ses motos. Dans l'escalier, Jacques Attali chuchote à Jean-Michel :

« Vous n'en avez parlé à personne, j'espère. Cette visite doit rester secrète. François Mitterrand ne tient pas à donner l'impression qu'il tente de récupérer les Restaurants du Cœur juste avant les législatives. »

De son côté, Coluche achève sa visite guidée. Après les motos, la salle de jeux, puis le salon avant de passer à table.

Pendant le déjeuner, qui durera jusqu'à quinze heures trente, la conversation se déroule sur le ton de l'amitié. François Mitterrand est placé entre M. et Mme Attali ; de l'autre côté de la table, Coluche, Jean-Mi et Paul Lederman.

Des sujets d'ordre général sont évoqués. De l'origine biblique du nom de la fille d'Attali, Bethsabée — matière en laquelle le président se montre incollable —, à la présence prochaine de l'extrême droite à l'Assemblée nationale.

Si Coluche est tendu, il ne le montre pas le moins

du monde. Ce n'est pas la première fois qu'il voit Mitterrand et il a, comme on sait, été invité plusieurs fois à l'Élysée. Mais recevoir le président de la République chez soi est une honneur rare dont il perçoit toute la saveur.

Lui, le clown, qui se vante si souvent de n'avoir jamais eu son certif.

Anita, tout intimidée, sert à table. Moment d'hésitation : le protocole exige-t-il que le président soit servi en premier ? Faisant appel à son bon sens, elle sert d'abord Mme Attali. Dans cette atmosphère chaleureuse et détendue, Mitterrand est prêt à répondre à toutes les questions.

Interrogé par Michel sur l'éventualité d'une cohabitation après les élections, il définit sa position :

« Je préfère renoncer à ma responsabilité qu'à une seule de mes compétences », répond-il avant d'expliquer que seules cinq personnes sur terre, dont lui-même, possèdent le pouvoir suprême de déclencher le feu total.

Cette responsabilité lui confère l'obligation d'intervenir dans toute décision politique, risquant d'avoir pour issue l'utilisation de l'arme nucléaire dont il est seul à pouvoir décider.

Il conclut en précisant que, quelle que soit la composition de son prochain gouvernement, il veut un premier ministre durable.

La discussion se déroule sur le même ton amical. Aucun sujet ne semble gêner Mitterrand.

Michel est fasciné.

« J'ai déjeuné avec Rocard le mois dernier, confie-t-il à un moment donné. J'ai presque l'impression d'être porteur d'un message. C'est quand même curieux que deux hommes comme vous ne vous connaissiez pas davantage... »

Réponse évasive mais flatteuse du président pour

Rocard. Puis Michel enchaîne sur une visite récente qu'il a faite aux francs-maçons, ce à quoi le président répond par quelques anecdotes savoureuses concernant l'ordre maçonnique...

Toutes ces confidences sur fond de musique du dernier disque de Paul Lederman, un condensé « génial » de tous les grands morceaux classiques.

Vers la fin du déjeuner, le regard de François Mitterrand tombe sur la coupe que Michel a remportée à Nardo.

« Monsieur le président est aussi détenteur d'un record, plaisante alors Jacques Attali. Celui de vitesse à bord d'un avion civil... Record officieux mais néanmoins réel qu'il partage avec l'équipage du Concorde République Française. »

Le président se lève et montre sur une carte du monde accrochée au mur la distance qu'il a parcourue en moins de trois heures trente. Des Antilles à Lima, soient six mille kilomètres.

La conversation dévie ensuite sur Coluche et sur ses émissions.

« Il m'arrive parfois de vous écouter sur Europe 1, confie Mitterrand. Mais l'autre jour, vous avez raconté une blague... vraiment très crue ! J'ai même refusé de l'entendre jusqu'au bout. C'était une histoire de moquette... »

Air un peu offusqué mais néanmoins rieur du président de la République. La blague en question relatait les déboires d'un type tellement amoureux que, perdu entre les cuisses de sa compagne, il finit par bouffer la moquette...

Michel, maîtrisant son envie de rire, se garde bien pourtant de lui raconter la chute.

« Vous savez, celle-là n'est pas de moi ! Il m'arrive souvent de raconter des blagues envoyées par des auditeurs. »

D'autres sujets seront évoqués, parmi lesquels l'incapacité d'un président à intervenir sur les contrôles fiscaux de ses amis.

« J'ai essayé d'aider l'un d'eux, raconte-t-il. Mais que vouliez-vous que je fasse ? Il n'avait jamais rempli ses déclarations de revenus ! »

Enfin, question épineuse à l'époque, celle du contrôle des médias. François Mitterrand vient d'autoriser la vente d'Europe 1 au groupe Hachette et s'en explique. Le pouvoir ne peut, et ne tient donc pas à contrôler l'information. Rien ne justifie donc de garder une emprise sur une station de l'importance d'Europe.

Le déjeuner s'achève. Avant de quitter Coluche, François Mitterrand, apparemment ravi des instants qu'il vient de passer, apporte la conclusion suivante :

« Tant que nous serons encore capables de refaire le monde autour d'une bière, c'est que nous oublierons de vieillir ! »

Après le départ du président et de son escorte, c'est l'explosion de joie.

« Tu as vu Polo ? ricane Michel. Il a même réussi à vendre son disque à Mitterrand. »

Mais c'est bientôt l'heure de l'émission, et il faut se ruer rue François-Ier. Dans la rue, Michel et Jean-Mi ne peuvent s'empêcher de donner libre cours à leur exubérance.

« On a déjeuné avec le président, on a déjeuné avec le président », chantent-ils en ponctuant leurs paroles de coups de Klaxon.

Un déjeuner qui aura coûté la modique somme de six cents francs à Jean-Mi et à Paul Lederman car, tandis que le policier en civil gardait le véhicule présidentiel, juste en face, une poignée de contractuels se livraient à leur triste besogne sur leurs véhicules garés en plein couloir des bus !

La première opération des Restaurants du Cœur s'achève avec la venue du printemps. Michel peut souffler un peu. Plus de six cent trente centres de distribution gratuite ont été installés dans toute la France, dont quatre à Paris et dix-sept dans la région parisienne.

Michel a réussi son entreprise. Les Restos sont devenus une locomotive associative énorme. Les bénévoles sont de plus en plus nombreux, la plupart étant des chômeurs, heureux de renouer ainsi avec le monde du travail et de pouvoir aider les autres.

Le premier lundi de chaque mois, Coluche et Jean-Mi se réunissent en « comité de stratégie » avec l'organe de gestion composé de Houdard, Bour et Mariette. Ensemble, ils définissent la politique de l'association, analysent les modes de distribution, surveillent le nombre et le coût des repas. Paul Lederman, de son côté, s'occupe des médias et de la publicité, sans lesquels les fonds cesseraient d'arriver.

« C'est le seul parmi nous qui parle argent couramment », plaisante Coluche à son sujet.

La cellule de gestion (créée sur le schéma d'une entreprise agro-alimentaire classique) gère les stocks, les besoins, achemine la nourriture aux centres régionaux répartis en vingt-deux régions. En quelques mois, le « délire » de Coluche, son « idée révolutionnaire », est devenue une vaste organisation d'autant plus inconcevable à son origine qu'elle est totalement humanitaire. Pour quatre francs vingt-sept par repas — prix que cela coûte au restaurant et non au client puisque aucune participation n'est demandée à ce dernier — elle est capable de nourrir des milliers de personnes par jour.

Étonné malgré lui de l'envergure toute nouvelle que vient de prendre Coluche, Jean-Mi lui fait un jour remarquer :

« D'abord les élections, maintenant les Restaurants du Cœur : ne me dis pas qu'un jour ou l'autre tu ne vas pas te représenter ! 1995 ou 2002 ?

— Te fous pas de moi, gronde Michel. Les élections, il n'en est plus question ! »

Puis, après dix secondes de réflexion, et avec un grand sourire :

« Bon, d'accord, 2002 ! »

Autoportrait. Un objectif peut en cacher un autre...

L'ILE DE LA RÉUNION, A CENT BORNES DE PARIS, ÇA SERAIT GÉNIAL !

NOUS sommes le 31 mars. Il est quatorze heures. Paris est maussade en ce début de printemps timide qui ressemble plus à une fin d'automne. Michel nous attend chez lui, déjà prêt à partir et tout excité. Prêt ? C'est-à-dire qu'il a enfilé son uniforme de grand voyageur, une tenue de jogging avec des chaussures de lutteur ; son sac à dos de motard est posé sur le fauteuil. Pour une fois, malgré les valises qui nous encombrent, nous sommes tous à l'heure. Tous : Ludo, Jean-Mi, Aldo et Nono. L'équipe des « enfoirés » au grand complet. Aucun d'entre nous, en effet, ne voudrait rater ce départ. Michel, qui se fait une fierté de toujours voyager avec un simple balluchon, ne manque pas l'occasion de nous faire remarquer nos surplus de bagages, surtout Nono qui arrive avec une énorme Samsonite, des palmes, un tuba et un fusil de chasse sous-marine.

Nous embarquons à Orly dans deux heures. Destination : la Réunion où nous sommes invités par Radio Free D.O.M., puis l'île Maurice, la perle de l'océan Indien, dixit le syndicat d'initiative.

Comme nous sommes nombreux et relativement encombrés, Michel demande à un de ses potes, Éric Courly, de nous conduire dans le coupé Cadillac bleu (le même que celui d'Elvis !), une superbe voiture de 7,80 mètres de long, un moteur fatigué aussi qui risque de tomber en panne à tout moment.

Par chance, la Cadillac bleu ciel n'est pas dans sa période de caprices. Elle nous conduit jusqu'à Orly.

Les billets offerts par Radio Free D.O.M. sont tous de classe éco. Un effort déjà sympa de leur part, mais Michel ne supporte pas de ne pas aller jusqu'au bout du plaisir quand il en a les moyens. Arrivé devant le comptoir d'Air France, il sort sa carte bleue et demande que tous les billets soient changés en première classe.

« Tu es fou », protestons-nous.

Le voyage dure dix-sept heures, vous comprendrez pourquoi... à l'arrivée. C'est sa surprise de dernière minute, une récompense. L'employée refuse la carte et déclare ne pouvoir lui donner satisfaction. Avant le départ du vol, elle n'a pas le temps de vérifier son compte en banque (il s'agit de 30 000 F). Michel nous regarde, elle doit plaisanter ! Pas du tout. La fille refuse de le reconnaître. Finalement, la carte American Express sauve la situation in extremis, ce qui lui fait dire : « J'vous l'ai toujours dit, la carte bleue, c'est pour les pauvres ! »

Jeddah, aéroport de La Mecque, première escale d'Arabie Saoudite. Bien sûr, on ne peut que se souvenir du sketch du Café de la Gare : l'Arabie Saoudite, c'est par là « mec », noir ! On a rien vu, interdiction de sortir de l'appareil. Les femmes, dont les hôtesses de l'air, sont parquées dans des secteurs réservés, à l'intérieur des palaces, où même

Même de trois quarts. Il reste entier !

les piscines ne leur sont autorisées qu'à certaines heures.

« Comment vous faites, sexuellement, quand vous êtes là pendant quarante-huit heures ? demande Michel à l'hôtesse.

— On ne fait pas », répond-elle tout simplement.

Puis Madagascar, l'escale à Tananarive, pays d'une pauvreté impressionnante, l'aéroport ressemble à celui d'une petite ville de province, en plus petit, et en plus pauvre, le Boeing nous a semblé plus grand que le bâtiment lui-même. Le service d'ordre exige que nous attendions dans la salle d'attente, ouverte sur la piste. Cette mesure de sécurité a pour seul but de nous pousser à acheter quelques babioles souvenirs dans les boutiques, qui étalent leurs objets « made in Taïwan ».

Michel refuse, prétextant la claustrophobie. Il tient à rester à l'extérieur, sous le soleil. Un militaire le menace de la crosse de son fusil et essaie de le faire obéir. Éclats de rire des autres passagers qui assistent à la scène. Le bidasse, vexé et découragé, s'en va exercer sa mission ailleurs.

« Tu vois, Tananarive pas qu'aux autres... », dit Aldo en plaisantant.

Michel le regarde en biais, sans répondre.

Nous arrivons enfin à Saint-Denis de la Réunion où une surprise nous attend. Personne n'est là pour accueillir Coluche ! Sauf Jacky, de Radio Free D.O.M. et quelques journalistes qui l'accompagnent. Celui-ci nous explique aussitôt la raison de cet accueil inexistant. Comme nous avons décollé de Paris le 31 mars, nous sommes le 1er avril. Tous les habitants de la Réunion, trouvant tellement extraordinaire l'arrivée annoncée de Coluche, ont cru que c'était un poisson d'avril ! Les usagers de l'aéroport sont tellement contents de le voir qu'ils lui tapent tous sur l'épaule en disant :

« Alors, Coluche, comment ça va ? »

Quand le journaliste, invité par Jacky, lui demande s'il est heureux d'être à la Réunion, Michel lui répond :

« J'ai jamais vu un endroit où il y a autant de docteurs, ils doivent me croire malade, ils s'inquiètent tous pour ma santé. »

Coluche entraîne Ludo et suit Jacky jusqu'à la voiture.

« Bon courage, les mecs, moi, ça va, j'ai mon balluchon. Occupez-vous de vos valises ! »

Et il abandonne Aldo, Jean-Mi et Nono près du tapis à bagages. Tous trois le rejoindront un peu plus tard, en voiture de location.

A Saint-Gilles, nous nous retrouvons au Novotel. Palmiers, petits bungalows, restaurant sous les tonnelles, plage privée, piscine, bougainvilliers en fleurs.

Douze mille bornes et se retrouver dans une piaule de Novotel, on se croirait en pleine tournée, en Bretagne ou en Auvergne. C'est con ! Un département comme ça à cent kilomètres de Paris, ça serait génial !

En début d'après-midi, nous allons chercher les motos que Yamaha nous prête, à titre de promotion, à condition que nous enfilions un tee-shirt portant le nom de la marque en grosses lettres et que, ainsi vêtus, nous apparaissions dans les journaux. Le commerçant confie à Michel sa plus belle bécane, une 750 FZ qui roule à grande vitesse, et nous fait choisir parmi ses motos de cross. Nous repartons superbement équipés, mais, au bout de quelques kilomètres, Michel se moquant totalement d'avoir la plus grosse moto, l'échange contre celle de Jean-

Mi et passe le reste des vacances à se balader sur une petite 500 XT.

Le soir, nous effectuons la tournée des boîtes. Michel a pris les night-clubs en horreur, surtout depuis la fin des Bains-Douches, et n'y met plus les pieds. Il nous accompagne pourtant, pour nous faire plaisir et surtout pour être agréable à Radio Free D.O.M. qui tient beaucoup à nous promener un peu partout (surtout lui d'ailleurs).

Le club que nous découvrons, perdu dans une palmeraie, une porte ouvrant sur le lagon, offre une ambiance sympathique. Malgré nos fatigues du voyage et le décalage horaire, nous sommes ravis. Très vite, nous retrouvons Michel assis sur la plage en train de fumer un joint, balancé entre les vagues et la musique.

Bien vite, la nouvelle de sa présence court dans le club, et la moitié de la boîte se déverse à l'extérieur. Michel qui, en France, se cache souvent à cause de sa notoriété, se laisse cette fois entourer.

La raison de notre voyage était avant tout de faire une émission à Radio Free D.O.M. A ce « dur travail » qui nous a pris en tout une heure sur dix jours, s'ajoute un emploi du temps chargé de parties de ping-pong, de ballon-piscine, de promenades en moto, de baby-foot et de pêche au gros. La première journée de balade en mer, Michel l'a baptisée « la pêche aux Parisiens » faute de poissons pour démentir. Heureusement, le deuxième jour la pêche est bonne. « J'ai failli être le seul gros sur le bateau. Le thon est donné ! »

Mais le moment le plus fort de notre séjour à la Réunion est sans doute cette visite de l'île en hélicoptère, qui nous conduit de Saint-Denis jusqu'au Python de la Fournaise, un volcan à peine endormi, émergeant d'un véritable paysage lunaire.

Le joyeux pétard : trente grammes sans faiblir.
Une pochette sans surprise.

Coluche demande au pilote de faire un peu de rase-mottes, de plonger dans les précipices, de se livrer à toutes sortes d'acrobaties. Le visage de Jean-Mi tourne au vert pâle lorsque le pilote, ravi, laisse pratiquement tomber l'appareil en chute libre dans un goulot hallucinant de beauté et entouré de cascades.

Cette balade en hélico n'a pas fait l'unanimité entre nous. Aldo et Nono se sont dégonflés au dernier moment et Jean-Mi a eu peur que Ludo ne pilote sous les ordres de Michel.

Ce soir-là, chez Jacky, au bord de la piscine, sur les hauteurs de Saint-Denis, stimulés par la présence d'une jolie intello que Michel surnomme immédiatement Lèvres en feu, pour la première et dernière fois de nos vacances, nous abordons des grands sujets : la vie, la mort et la coiffure.

11 avril 1986, arrivée à l'île Maurice. Deux fois plus petite que la Réunion, deux fois plus peuplée, un million d'habitants, tous indépendants.

Un cocktail de peuples et de cultures, la moitié d'Hindous pour l'administration, un quart de créoles pour la canne, un zest de Chinois pour le commerce et un soupçon d'Européens, anciens colons, pour l'industrie.

Une particularité, on ne compte pas, pour se déplacer, en kilomètres, mais en temps. Les routes bordées, alternativement, de plantations de canne à sucre, de temples et d'églises de toutes sortes, grouillent de monde : des hommes, des chiens, des poules et des taxis.

Pour aller de l'aéroport jusqu'à Toues Rock, la distance de quarante kilomètres sera parcourue en un temps record de une heure vingt.

Michel nous fait remarquer que, malgré la proximité de la Réunion, ici, c'est vraiment un autre continent, bien loin de la province française, cent cinquante bornes, et c'est l'Asie, « en plus j'suis pas connu ! ».

Bringuebalés dans le taxi, sur cette voie unique dans les deux sens, pleine de trous et de parfums ! Au bout d'un moment, Michel, étonné par le confort soudain qui règne dans la voiture, demande au chauffeur pourquoi cette autoroute en pleine campagne ? « C'est normal, on rentre dans le domaine de Touess Rock, monsieur. »

Une fois passée la guérite des gardiens de l'hôtel, nous traversons un superbe jardin tropical. Surprise, sur toute la surface du fronton du hall il est écrit en lettres de fleurs multicolores, « Vive les Restos du Cœur — Europe 1 ». Un peu comme pour cacher son émotion, Michel lance à Ludo : « Tiens, c'est le moment de faire la photo. »

Notre hôte, Maurice Elkaim, a tout prévu : bateau, plongée, casino, masseuse, ambassadeur, etc., tout, sauf les vices. Notamment ce qui se fume et qui est naturel. Dès le lendemain, un commando, composé du sergent Coluche et du 1re classe Ludo, réquisitionne un taxi, afin d'assurer l'intendance.

Le chauffeur a pour mission de les déposer dans le quartier chinois de Port-Louis, capitale de l'île. Il les branche sur le seul rasta du coin, spécialisé dans les approvisionnements du plaisir en herbe.

A ce moment-là, se trouvant fort dépourvu, il les envoie chez un confrère, vieux bonze qui demeure dans une espèce de pavillon hétéroclite, faisant penser à une maison chinoise, meublée par les Galeries Barbès.

Le mandarin, qui ressemble à un traître de Série B, dans un film de Fu Man Chu, malaxe religieusement l'herbe avant de rouler le joint. Nos deux éclaireurs, pas encore allumés, malgré une certaine angoisse modérée par l'expérience, ne peuvent s'empêcher de se marrer.

La qualité du produit les surprend. L'effet est tellement fort, que le flip les gagne insidieusement. Marché conclu, direction la sortie.

Arrivés sur le pas de la porte, ils voient, dans une auto, quatre individus inquiétants, qui les fixent en riant, de ces regards à vous rendre parano. Plutôt mal à l'aise, ils hésitent et, juste à temps, le dealer les rassure : « Vous pouvez y aller, ce sont mes gardes du corps. »

Très vite dans le taxi, ils ne voient pas passer l'heure et demie qu'il faut pour parcourir les trente bornes qui les séparent de l'hôtel. Mission accomplie. Le moral des troupes est assuré !

Un soir à l'apéritif, Maurice nous informe que l'ambassadeur de France aimerait inviter Michel à dîner dans le meilleur restaurant de l'île, qui se trouve à Cure-Pipe, le grand centre du pays.

Cette idée branche bien Coluche. Il a déjà côtoyé des présidents et des ministres, mais pas encore d'ambassadeur en exercice.

En vacances, Michel préfère trouver ce dont il a besoin sur place, pour être plus libre et pour goûter au plaisir du neuf. Donc, il se met à la recherche d'un pantalon blanc. Le maître d'hôtel, informé de nos recherches, nous assure avoir l'homme de la situation.

Cinq minutes plus tard, Michel se retrouve face à un cuistot qui prend aussitôt son entrejambe et lui affirme :

« Si vous n'êtes pas trop difficile sur la qualité, dans deux heures vous aurez votre pantalon. »

Le type fouille dans un tiroir et revient avec une nappe.

« Ça fera l'affaire ! dit Michel. Mais en fait, il en faudra deux. »

Notre hôte affrète un minibus et nous voilà partis, accompagnés d'un conseiller de l'ambassade, vers la capitale culturelle. Ce dernier, intellectuel de profession, nous assène un cours magistral d'ethnologie et de sciences politiques. Aucun d'entre nous n'a regretté d'avoir quitté l'école de bonne heure.

Nous arrivons au restaurant, demeure coloniale du XVIIe siècle. Devant cette bâtisse de style *Autant en emporte le vent* se dresse une énorme tour Eiffel de dix-sept mètres. L'apéro commence bien, congratulations, poignées de mains, l'ambassadeur, sa suite, des ministres mauriciens, un mime français, bref, du beau monde.

Au bout d'une heure, nous commençons à trouver le temps un peu long, d'autant que nous sommes toujours debout et que les petits fours, salés au début, deviennent de plus en plus sucrés.

Michel se rend compte le premier de l'arnaque, il n'a jamais été question d'un dîner, mais seulement d'un pot. A peine le message de Michel passé parmi nous, nous nous engouffrons dans le minibus, à la recherche d'un vrai dîner. Minuit, à Maurice, c'est trop tard.

A notre arrivée au Touess Rock, la direction nous offre plusieurs tee-shirts au logo de l'hôtel. Michel s'était bien sûr empressé de personnaliser le sien et de le transformer en débardeur et cela devient sa tenue favorite. Il ne s'en sépare jamais, même le soir, pour se rendre au casino chinois, à l'autre bout de l'île.

C'est la roulette qui le branche le plus. Il a une chance incroyable.

« De la chance, moi ? Vous n'avez rien compris ! Je joue scientifiquement ! »

Ile de la Réunion, avril 1986.
« On n'explique pas le bonheur, ça le gâche. »

Et de nous expliquer sa technique. Il part du principe que le croupier lance la boule depuis plusieurs heures déjà et travaille sans penser à ce qu'il fait. Son geste devient donc automatique.

« Tu établis la fréquence, et tu calcules l'écart qui sépare les numéros sortis (principe du numéro et voisins). »

Tout en parlant, il joue de nouveau. Et gagne encore une fois.

« Vous voyez ! Ça marche ! »

Son grand truc, c'est d'essayer de comprendre. Même, et surtout, l'irrationnel.

On essaie la même tactique, mais, bien sûr, ça ne marche pas avec nous. On perd autant qu'il gagne. Ça pourrait faire un équilibre, mais il distribue tout autour de lui ; au personnel et même aux autres joueurs.

« Y a un truc qui m'emmerde ici, je ne vais jamais pouvoir dépenser tout l'argent que je gagne. Il n'y a rien dans les magasins. Et les roupies ça vaut rien à l'étranger. »

Les croupiers sont tous... des croupières. Au black-jack, Aldo fait du charme à la chef de partie. Une Eurasienne assez fascinante. Une autre fille intervient et lui glisse à l'oreille :

« Vous pouvez jouer à sa table, mais vous pouvez aussi jouer avec elle après son travail... »

Pendant ce temps, toujours à la roulette, Coluche continue de gagner et explique son truc à tous les autres joueurs, même ceux qui ne parlent pas français. Les Chinois lui font des sourires polis et misent sur les mêmes chiffres que lui. Ce soir-là, il finit par tout perdre mais, avec mauvaise foi, il explique aussitôt son échec.

« S'il existait une martingale permettant de gagner à tous les coups, on serait tous milliardaires ! »

Attachez vos ceintures, échange vif avec un voisin qui l'a reconnu et qui le déteste sans savoir pourquoi. Premier signe tangible du retour sur Paris. Le Boeing tendu vers le ciel s'arrache de l'Océan. Le scintillement de la Croix du Sud ressemble à un signal que nous ne comprendrons jamais !

QUATRIÈME PARTIE

PAS BESOIN D'AVOIR SON CERTIF !...

NOUS avons prévenu le lecteur, dès le début de ce livre, que nous ne tenterions pas d'analyser Michel, ni d'expliquer le phénomène Coluche. Principe que nous nous sommes efforcés de respecter tout au long de ces anecdotes choisies et authentiques.

Cet ouvrage serait pourtant incomplet si nous ne tentions pas d'aborder ce que nous pourrions appeler « la philosophie de Coluche ». Car, s'il ne nous appartient pas de le juger ni de le « disséquer », Michel avait tout à la fois beaucoup trop d'incohérence en apparence et de précision dans sa propre conception de la vie et de la société pour que nous achevions ce récit sans le laisser s'exprimer, totalement, tel qu'il le fit un jour de février 1986, devant une assemblée restreinte et privilégiée.

Il faut d'abord savoir que Michel, qui prétendait n'avoir rien lu et n'avoir aucune culture, avait appuyé sa pensée sur quelques livres importants.

Très jeune, alors que révolté par l'avenir qui se présentait à lui sous forme de machines à laver, de frigidaires ou d'un boulot à l'usine, il fut tenté d'appartenir au Parti Communiste. Comme il ne faisait rien à moitié, il s'attaqua avec succès à la lecture intégrale du *Capital* de Marx (Édition La Pléiade, « en tout petits caractères », comme il aimait le rappeler).

Se détournant rapidement du modèle marxiste, sans pour autant rejeter la méthode d'investigation qu'il intégra à sa pensée, il se brancha sur Freud. Cela lui laissa essentiellement l'idée d'un de ses sketches préférés. Son tempérament le portait plutôt vers la pensée anarchiste ; il parla souvent de l'économie distributive d'un dénommé Jacques Dugoin[1]. Malgré les grandes discussions que nous avions souvent avec lui à ce sujet, nous ne sommes jamais parvenus à mettre la main sur un seul livre de cet auteur. Mais manifestement celui des « grands classiques » qui branchait le plus Michel et dont nous fîmes la « lecture commentée en famille », c'est *Le Prince* de Machiavel. Cette approche du mécanisme de la pratique des pouvoirs, y compris celui de la communication, passionnait Michel et nous aussi.

Une curiosité permanente et parfois non avouée de la pensée des autres, caractérisait Michel. C'est pourquoi, quand en février 1986, une loge maçonnique du Grand Orient de France lui fit part de son désir de le recevoir pour une conférence, il en fut immédiatement ravi. Il voulut en savoir plus sur la philosophie maçonnique. Étaient-ils des gens qui, comme lui, considéraient le savoir et son partage comme l'enjeu majeur de tout pouvoir et pensaient que le « savoir-faire » devait remplacer le privilège de l'argent et de la naissance ?

Après avoir plusieurs fois rencontré le Vénérable de la Loge, M. Louis Dalmas, Michel se mit d'accord avec lui sur le thème de la rencontre : « Les nouveaux pouvoirs » et en particulier l'implication des médias ou de ceux qui en usent.

Sur la carte d'invitation était inscrit : « Tenue

1. Jacques Dugoin, *Économie de l'Abondance*.

mixte, blanche, fermé ». Michel et nous-mêmes dans notre naïveté de non-initiés, avons longuement réfléchi sur la manière dont il devait s'habiller. En réalité il fallait comprendre : « Tenue = réunion, mixte = hommes et femmes, blanche = par un non-Franc-maçon, fermé = pour des Francs-Maçons seulement. »

« La tenue » eut un succès considérable auprès de ses auditeurs et à la fin, en sortant du dîner, où nous étions conviés avec lui, « quelques frères » lui proposèrent sous forme de boutade, d'entrer dans leur ordre. Ils lui indiquaient néanmoins qu'un Franc-Maçon nouvellement admis devait se taire pendant un an avant d'être autorisé à parler.

« C'est pas un problème, rétorqua Mimi, je vais aller m'inscrire l'année dernière alors ! »

Voici la retranscription de cette conférence discrète.

INVITÉ PAR LA LOGE « LOCARNO 72 »
AU SIÈGE DU GRAND-ORIENT DE FRANCE
LE 27 FÉVRIER 1986

En présence d'Henri AVRANE,
membre et représentant du Grand Conseil de l'Ordre.

Le Responsable de la Loge, Louis Dalmas, accueille M. Michel Colucci.

Louis Dalmas : Monsieur Michel Colucci, je vous demande quelques minutes de patience, pour me donner le temps d'abord de vous remercier d'avoir accepté notre invitation et de nous honorer de votre présence, pour me permettre ensuite d'établir le contact avec les amis qui vont vous écouter. (...)

Vous le savez, l'appartenance à la Maçonnerie, et l'entrée dans un temple, dépouillent nos sœurs et frères de leurs ornements extérieurs, et ce n'est pas votre gloire qui nous intéresse, ni qui m'a poussé à vous inviter.

C'est autre chose. Ce que je pourrais appeler la *façon* dont vous avez conquis cette gloire.

Au moyen de trois ressorts qui éveillent en beaucoup d'entre nous des résonances fraternelles : trois ressorts qui sont la provocation, la satire et la générosité.

La provocation, qui paraît à chaque détour de vos interventions publiques, dans la verve rabelaisienne de votre langage, et qui est la face percutante de l'indépendance. Vous êtes un homme indépendant, monsieur Coluche, et l'indépendance renvoie à une idée qui nous est chère : celle de la *liberté*.

La satire, qui vous fait rire de tous et de tout, sans respect des conformismes ni crainte des autorités, et qui prouve que vous ne vous sentez inférieur à personne. Votre ironie n'épargne aucune origine, aucune conviction, et cette salubre insolence s'inspire d'une autre notion qui nous tient à cœur : celle de *l'égalité*.

La générosité enfin, qui vous a fait lancer une retentissante campagne contre le malheur et la pauvreté, et mettre votre impact sur les foules au service d'une grande opération de charité, et d'un projet de loi qui doit en assurer le prolongement. Vous êtes un homme de cœur, et cette attention portée au sort des autres rejoint un sentiment que nous partageons tous profondément : celui de la *fraternité*.

Liberté, égalité, fraternité. Ces synonymes ne sont pas des jeux de mots. Je crois retrouver leur écho, traduit à votre manière, dans chaque expression de votre talent. Vous honorez ces mots comme nous. Ils sont la vieille devise républicaine, ils sont aussi la devise de la Maçonnerie, et ils descendent tout à coup du fronton des édifices pour prendre force et chaleur lorsque, comme vous, on les fait entrer dans la réalité.

Vous voyez que nous avons des raisons de nous

sentir proches, et le plus grand intérêt à vous écouter.

Un mot encore, avant de vous donner la parole. Ne soyez pas surpris si personne ne vous applaudit. Nos obligations intérieures nous interdisent, pour respecter la sérénité de notre débat, de manifester nos sentiments. C'est une règle de discipline, maïs pas une marque d'indifférence. Soyez assuré qu'en dépit de notre silence, vous êtes accueilli parmi nous avec un maximum de chaleur, de considération et de sympathie.

M. Michel Colucci prend place à la tribune.

Coluche : Eh bien, si on n'a pas le droit d'applaudir, je me sens assez loin de chez moi... *(Rires.)*

J'ai reçu votre invitation avec plaisir, et j'ai vu une « tenue blanche mixte fermée ». Je me suis dit, merde, comment il faut s'habiller pour aller là. *(Rires.)* Alors, j'ai bien pensé à plusieurs trucs, et finalement je me suis fait expliquer, et ç'a été plus simple.

Alors voilà, le titre donc de la réunion, c'est « un nouveau pouvoir », avec un point d'interrogation.

Qu'est-ce que c'est qu'un nouveau pouvoir ? Si vous voulez, ça dépend du nombre de gens influents sur les choses de la société, que ce soit les mœurs ou la politique. Si beaucoup de gens décident que c'est un nouveau pouvoir, eh bien, c'en est un.

C'est marrant que vous posiez cette question, parce que vous, vous êtes un pouvoir qui, finalement, est secret, alors qu'on aurait bien besoin d'un pouvoir qui ne le serait pas.

Qu'est-ce que j'ai fait avec les Restaurants du Cœur ? Eh bien, d'abord, il faut dire que j'ai utilisé les médias sans leur dire au départ. J'étais sur Europe 1, j'avais une émission populaire qui me permettait de lancer une idée, et j'ai lancé cette idée.

Après ça, quand j'en ai parlé pendant deux mois à peu près, je suis allé voir les dirigeants d'Europe 1 et je leur ai dit, maintenant, ça ne va pas être facile de faire marche arrière, parce qu'on reçoit un courrier énorme, et ils ont dit, bon, d'accord, on va faire une journée.

Après ça, j'ai commencé à dire qu'il n'y avait qu'à taper dans les excédents de production, parce que ça nous permettrait d'avoir de la nourriture pas cher, et donc de nourrir tout le monde.

Après, je suis allé au ministère de l'Agriculture, et je leur ai dit voilà ce que j'ai fait, alors maintenant, il faudrait...

Le défaut des lois en général, disait un homme de pouvoir, c'est qu'elles sont souvent en avance sur les mœurs, à part quelques-unes qui sont très en retard. Vous voyez les élections d'aujourd'hui par exemple, personne ne sait de quoi il s'agit. Personne ne sait comment il faut voter, ni pour qui ni pour quoi. On sait pas. C'est très vague dans le public.

L'intérêt des Restaurants du Cœur, c'est que d'abord on fait quelque chose qui est populaire, et qui fera l'objet d'une loi ensuite.

Et puis autre chose, à propos du pouvoir, est-ce qu'il y en a un nouveau, est-ce qu'il y en a pas un nouveau, en tout cas, il y en a un qui est à prendre. Ça c'est sûr.

Parce que si on regarde un peu les sondages, on s'aperçoit que dans l'année il a été fait 540 sondages, comme d'habitude en France par an, alors que les États-Unis en font je crois 180. Là, c'est un truc extraordinaire, nous, on est extrêmement balèses, on est très forts. Alors, il y a un sondage qui dit que 62 p. 100 des Français pensent que les hommes politiques sont des menteurs. Il y en a 70 p. 100 qui pensent qu'ils s'en foutent, et 95 p. 100 qui pensent que c'est tous les mêmes.

Mais il y en a 62 p. 100 qui pense que c'est des *menteurs*, au sens euh... tranché du terme, c'est quand même important, des menteurs... Et le même sondage dit que 43 p. 100 des Français pensent que la presse est trop militante, qu'elle est trop attachée à la politique.

Ça veut dire que... Par exemple, j'ai entendu Mourousi parler hier ou avant-hier sur Canal Plus du fait qu'il allait pas voter. Je pense que Yves Mourousi, c'est un leader d'opinion. Je pense que si une petite douzaine de personnes comme ça disait ça en France, on arriverait à des pourcentages d'abstention effarants.

Car si on regarde bien, à part les politiciens, et puis la presse qui s'est donné ce titre de quatrième pouvoir avant de l'avoir, parce qu'évidemment elle risquait de passer à travers, à part des gens comme ça, je vois pas très bien qui pourrait le prendre, le pouvoir...

Alors, en fait, la question est-ce que c'est un nouveau pouvoir, ça dépend aussi si vous le voulez ou pas ! Et pour qu'on sache si c'est bien, si ça plaît à tout le monde, il faut le faire.

Parce qu'effectivement je parle de ça pour les Restaurants du Cœur, mais il y a plein d'applications au système. A partir du moment où on est en position d'utiliser les médias pour faire autre chose que sa profession, ou d'utiliser sa profession pour faire autre chose, il y a beaucoup de possibilités.

Moi j'ai choisi les Restaurants du Cœur parce que d'abord on a des excédents de production en Europe. D'autre part, l'Europe achète en plus de la nourriture à l'étranger, qu'elle stocke pour revendre après sans jamais l'utiliser, pour des raisons de commerce extérieur, de change avec d'autres pays. On se retrouve donc avec des excédents effarants.

Si on prend l'exemple du beurre, le beurre ne peut pas être vendu plus de 4 F par la Communauté après l'avoir conservé vingt-quatre mois et les vingt-quatre mois de conservation d'un kilo de beurre coûtent 6 F... C'est-à-dire que s'ils nous le donnent, ils gagnent 6 F ! C'est beaucoup... *(Rires.)*

Notre système administratif est donc l'objet d'un tas de conneries de ce genre-là. L'affaire des Restaurants du Cœur, ça l'intéresse, parce que ça prend à la Communauté européenne très peu de quantités de nourriture, et que ça coûterait aussi très peu à l'État de faire un crédit d'impôt sur le sujet. Dans l'ensemble, c'est jouable sur les deux tableaux.

Alors, aujourd'hui, j'ai fait faire une loi par des énarques qui n'avaient pas réussi à devenir ministres, donc davantage intéressés par le fait d'en faire une alors qu'ils en auraient jamais l'occase *(rires)*, donc ils ont fait ça vraiment bien, voyez... Après ça, je l'ai portée à droite, à gauche (c'est le cas de le dire), et puis ils ont tous mis leur grain de sel, ils ont tous pensé que c'était une bonne idée, on a réussi à en réunir quelques-uns avec beaucoup de difficultés, à la télé, dans une émission...

Si ça a pu se faire, cette affaire-là, c'est parce que c'est le show-business qui l'a faite. Tout le monde dit maintenant, c'est Coluche qui a fait tout ça, c'est pas exactement vrai, c'est vraiment l'utilisation du média Europe 1 et puis tous, tous qui étaient pas au courant...

La notion que je tirerais de cette affaire-là, c'est que pour réussir à faire du bien, déjà il a fallu baiser tout le monde... *(Rires.)* Ça, c'est vrai ! Y a pas un mec qui m'a dit, moi je veux bien... Y a des mecs à qui j'ai dit voilà maintenant on va le faire, parce que voyez... Là, ils ont accepté.

J'avais fait l'opération d'Europe 1 avant que l'agriculture soit forcée d'accepter l'ouverture des produits européens... je les ai abusés partout, quoi !

Alors je disais qu'il n'y a que ma profession qui peut faire ça, dans l'état actuel des forces. Si c'est un parti politique qui a l'idée, les autres le suivront pas, donc la moitié des médias se ferme d'un côté, si c'est un journal qui a cette idée, les autres le suivront pas, si c'est une chaîne de télé, les autres suivront pas, parce que ce serait faire faire une publicité trop belle à quelqu'un.

Donc, il y a vraiment que dans le show-business où on peut trouver des frères et des sœurs... enfin des potes, nous on appelle ça, de toutes les couleurs... *(Rires.)* C'est vraiment le show-business où on peut trouver des gens qui sont engagés à droite et à gauche, et qui s'en foutent.

C'est un peu ça le rapport avec vous... Comme le disait mon introduction, vous laissez tout dehors, en entrant. Nous, c'est un peu le même style, on n'est animé que par le spectacle.

Quand j'ai amené cette idée-là, travaillant avec un mec qui s'appelle Lederman, qui n'est pas venu parce qu'il n'a pas été invité, mais qui est largement plus important que moi, dans l'affaire et dans ma carrière aussi, on a un sens du spectacle, on était sûrs qu'on allait faire un coup fumant, si on s'y mettait tous. Et quand on est tous animés par cette même idée que ça va faire un truc formidable, il faut en être.

Voilà. A partir du moment où nous, dans le spectacle, on a cet état d'esprit, on peut se réunir sur une idée, avec un ou deux leaders d'opinion dans l'affaire, qui amènent le reste.

Là j'avais Montand avec moi au départ, qui est très important. J'avais la promesse de Jean-Jacques Goldmann de faire un disque pour les Restaurants du Cœur. C'est lui qui couvre avec Renaud (c'est aussi un camarade à moi) entièrement ce qui se vend en disques, ou presque, en France. C'est très important, et c'est les jeunes.

Alors, on s'est d'abord réunis entre nous. Il y avait des militants du R.P.R. qui étaient avec moi. Je pense à Daniel Guichard, à Gérard Lenorman, c'est vraiment des militants, qui font les galas, un truc que je ne fais pas. Eux, ils font les galas, ils vont chanter dans la première partie de Jacques Chirac.

Ces mecs-là, je leur ai dit : tu sais, je l'ai fait, mais le ministère de l'Agriculture (socialiste) m'a aidé. On s'en fout de ça, on y va. On va le faire. Ça c'est une des raisons que ça réussit, parce que c'est à partir d'une profession généreuse que ça se fait. C'est une profession qui est habituée à donner. Et puis le public sait ce qui se passe.

Il y a quelque chose de désagréable, c'est que ce qui a peut-être plu aux gens un peu plus que dans les autres affaires, c'est qu'ils sont sûrs que l'argent sort pas d'ici, qu'on va s'en servir. Alors que quand on l'envoie en Afrique, ils ont peur que ça n'aille pas aux Africains. Il y a un côté « comme c'est en France, c'est mieux ». Ça, c'est un peu emmerdant.

Mais enfin, bon, on ne peut pas se plaindre non plus. Et puis ils ont bien marché, je crois surtout, parce qu'ils savent que nous, on ne va pas détourner l'argent. Ça, c'est vachement important aussi.

On est donc arrivés d'abord par la force de cette radio, j'avais la chance d'y faire une émission qui était vachement écoutée, ça m'a beaucoup aidé, alors je vais vous dire où on en est maintenant.

On a réuni à peu près 45 millions de francs en dons, en espèces. Je ne peux pas évaluer les dons en nature qu'on a recueillis. Je peux vous dire que la première semaine de distribution a été faite que sur les dons en nature, et que pendant les trois mois de l'hiver, on va dépasser sept millions de repas, qui nous coûtent 4,98 F rendus sur place, par personne. Avec le transport. Tout. Rendu sur place, ça nous coûte pas 5 F.

Autant vous dire que les associations font une drôle de gueule... J'ai assisté à une réunion à la Fonda des associations caritatives, et le Secours populaire s'est levé à un moment, il a dit : moi, monsieur, j'ai fait un million de repas l'année dernière. Les autres ont pas parlé, parce qu'ils en avaient pas fait autant, donc ils pouvaient pas parler.

Ça prouve que les associations sont loin derrière, qu'elles ont un prix de revient par repas beaucoup plus élevé que le nôtre, et qu'il y a une poussière énorme à réformer. Et je ne parlerai que de la poussière...

Alors, voilà, peut-être qu'aujourd'hui il s'agit d'un pouvoir... Moi, euh... je ne suis pas un mec de discours, donc je vais m'arrêter là, je vais vous laisser les questions. C'est bien de parler d'un nouveau pouvoir, et de se poser la question, mais vous, vous en êtes un. Une société aussi influente et secrète que la vôtre, ça me fait un peu penser à ce banquier suisse qui, pour les Restaurants du Cœur, m'a envoyé un chèque sans le signer en me disant qu'il voulait rester anonyme. *(Rires.)* Voyez. Voilà.

Louis Delmas : J'ai deux questions à vous poser avant d'ouvrir le débat. La première. Vous avez parlé du pouvoir du show-business. Mais ce pouvoir repose essentiellement sur le contact avec le public. Est-ce qu'il n'est pas empreint d'une certaine fragilité dans la mesure où le pouvoir politique a toujours les moyens de couper ce contact ? S'il y a une censure des médias, par exemple, si on vous empêche de parler, si on vous empêche de profiter des émissions, que devient ce pouvoir ?

Coluche : Pour vous donner une idée. Il y a en ce moment dans toute la Belgique 39 Restaurants du Cœur. En France, il y en a 600. A Bruxelles, il y en a 17, à Paris, il y en a 4. Et sur ces 4, il y en a un qui nous est donné par l'archevêché, à l'église de Saint-Merri. Donc effectivement, il y a des forces qui pourraient s'allier pour détruire une affaire comme ça.

Et il faut que je vous dise aussi, je ne suis pas le premier à avoir eu cette idée, je suis le septième. La première loi qu'on a envoyée, elle date de 1956... six autres personnes, donc qui sont députés, l'un de la Creuse, l'autre de je ne sais pas où (je ne sais pas non plus où est la Creuse), ces types-là ont envoyé une loi qui disait exactement la même chose que moi, c'est-à-dire qui constatait le fait que les plus généreux sont les moins riches, et qu'il fallait donc faire une loi qui soit incitative pour les moins riches à donner aux associations.

C'est ce que j'ai fait faire, et c'est la septième fois qu'on propose ça. Ça veut dire que six fois on a enterré le député de la Creuse. Moi, je pense que je vais être plus difficile à enterrer que le député de la Creuse. Parce que j'ai pas l'intention d'arrêter ma carrière en même temps que les Restaurants du Cœur, et ils n'ont pas fini de m'entendre.

Aujourd'hui, j'ai une proposition... j'ai fait faire un projet de loi qui a fait l'objet d'une rectification par Alain Juppé du R.P.R., par Pierre-Christian Taittinger de l'U.D.F. (vice-président du Sénat), par le groupe socialiste, qui en a rajouté même par-dessus, et il y a un projet aussi du groupe communiste de M. Lajoinie. Ça veut dire que les quatre partis ont dit qu'ils étaient d'accord. Si jamais ils le font pas, ils montreront une nette volonté de l'avoir fait exprès. Et ça, euh... avec la gueule que j'ai ouverte, ils vont avoir du mal.

La loi doit être votée en octobre, et moi, en septembre, je remonte sur scène. J'y suis pas allé depuis cinq ans, et avec Lederman, vous pouvez être assurés que ça va se savoir. Donc, je compte là-dessus, et sur le show-business aussi.

Cette loi permet aux particuliers de donner sur leurs impôts directement une somme plafonnée, dont 70 p. 100 seraient pris en compte par l'État, c'est-à-dire qu'elle est vraiment incitative pour les bas revenus, puisque la loi à l'article 238 bis du Code Général des Impôts ne bouge pas pour les autres. Il est évident qu'elle nous permettrait de ramasser suffisamment d'argent pour nourrir tout le monde. Donc, si jamais il y a un pouvoir politique qui s'y oppose, ce sera une volonté délibérée, et de là à ce que j'utilise le nouveau pouvoir en question pour décider d'autres personnes que Mourousi à dire qu'il faut pas voter, ça, je ferai ce que je peux...

De toute manière, il y a un truc qui est sûr, c'est que j'ai trouvé un créneau, et tant que je parlerai au public, je leur parlerai de ça. Je leur parlerai de la possibilité qu'ils ont de débarrasser le pouvoir de ce qu'il ne fait pas, ou de ce qu'il fait mal. Ça, c'est mon intention.

Pour 1988, j'ai aussi une idée sur le chômage qu'ils vont avoir du mal à ne pas accepter. S'il y a un truc qui n'est pas populaire, c'est bien le chômage.

Pour les Restos du Cœur, mon idée n'est pas mirobolante, puisque je suis le septième à l'avoir eue. Seulement, la manière dont on utilise justement ce pouvoir en question, c'est ça qui est payant. Je m'engage par exemple, tous les ans au moment où les gens doivent décider de leurs impôts, à faire une journée... une représentation télévisée avec plein d'artistes en disant aux gens : je vous rappelle que c'est maintenant que vous avez le choix de ne pas laisser l'État décider du sort des pauvres, puisqu'il le fait mal.

Louis Dalmas : Monsieur Coluche, j'ai une autre question à vous poser. Vous avez dit tout à l'heure que vous aviez ramassé 45 millions de francs. Que, à la fin des trois mois, vous alliez servir sept millions de repas à 5 F. Ça fait 35 millions. Que deviennent les 10 millions qui restent ?

Coluche : Je n'ai aucune idée. Alors là, franchement, j'en sais rien. Au début, on achetait en moins grandes quantités, et les repas nous coûtaient 6 F.

Maintenant on est arrivé à ces résultats, parce qu'on achète en quantités plus importantes.

En tout cas, je peux vous dire que tout le monde est bénévole. La seule personne qui est salariée est une secrétaire qui travaille à la tour Montparnasse, dans un local prêté par l'O.F.I.V.A.L. En dehors de ça, on n'a fait aucun frais.

Alors, effectivement, il y a des problèmes comme ça de quantités au début, à la fin, je n'ai même pas fait le calcul. Je suis sûr des chiffres qu'on me donne. C'est géré par les Écoles de commerce de France, par des jeunes de vingt ans dont c'est la vocation d'apprendre à gérer des affaires. Pour leur région, pour trois mois, puis après on les remplace. Normalement, il ne doit y avoir aucune fuite.

Question : Monsieur Colucci, de tout temps, les auteurs dramatiques et les comédiens ont fustigé les travers de leurs contemporains. L'un des plus illustres fut, vous le savez, Molière, qui a eu la plume et l'expression mordantes face à la cupidité, l'avarice, les faux-semblants, les faux dévots. Alors il me semble, monsieur Michel Colucci, que vous êtes dans la tradition de Jean-Baptiste Poquelin... Ça vous fait plaisir ?

Coluche : Oui, mais en même temps, ça m'inquiète, parce que je me dis que si lui n'a pas réussi avec le talent qu'il avait, c'est pas moi qui vais y arriver. *(Rires.)*

Question (suite) : Or, vous n'avez pas jugé cela suffisant, et vous faites œuvre charitable, face à l'ineptie de nos sociétés qui ont beaucoup de surplus, alors que des millions de gens restent affamés. Alors j'ai une question à vous poser : par votre métier de comédien, par votre action humanitaire, qu'estimez-vous apporter aux gens qui vous voient et vous écoutent ?

Coluche : Je voudrais rectifier simplement le mot que vous avez dit de « charité ». Il ne s'agit pas du tout de charité, il s'agit de redistribution. Il s'agit en fait de politique. Je me suis présenté en 1981 pour rien, maintenant je ne me présenterai plus, mais je vous gênerai toujours un petit peu. Sur des détails, des choses, et surtout je veux faire participer le maximum de gens. Peut-être qu'à ce jeu-là je vais me faire casser les reins, mais je m'en fous, tout le monde a le droit de s'amuser. Moi, c'est mon jeu.

Qu'est-ce que j'ai l'impression de leur apporter, c'est ça la question ?

Il est évident que, dans le spectacle, on est des parasites, parce qu'on ne produit rien. Par contre, il est indéniable qu'on apporte quelque chose à des tas de gens. La profession... si vous prenez des artistes je dirais de sensibilité différente, eh bien, il y en a un qui plaît aux personnes âgées, un aux enfants de huit à douze ans, un aux adolescents... L'ensemble de l'affaire comble tout le monde. C'est ça, notre profession. C'est une vocation, on aime distraire.

Question : Ne pensez-vous pas que, notamment, dans le cadre de ce renouvellement tout à fait quotidien ou hebdomadaire de ces contrats, le pouvoir du comédien n'est finalement qu'un peu illusoire, car s'il va trop loin, il suffit aux dirigeants de ne pas renouveler le contrat ?

Coluche : Absolument. Je suis tout à fait de cet avis. D'autant que ce pouvoir n'existe que parce que ce n'est pas une institution. Donc si ça en devenait une, il perdrait de son pouvoir. Il est vrai, parce qu'il est léger en même temps. C'est sûr, absolument sûr.

D'ailleurs, vous savez, vous parlez de ça comme d'un pouvoir, vous jugez le résultat, parce qu'en fait, au départ, comme le disait M. Dalmas, je ne suis ministre de rien d'une part, et puis, je n'ai même pas de culture.

Notre profession, notre vocation, à nous les artistes, c'est de séduire, et de surprendre. Il faut être aussi là où on ne nous attend pas. C'est certain que si un jour toutes les forces se mettent contre nous, qu'on essaie de constituer ce pouvoir en institution, à ce moment-là on n'aura plus la faveur du public, puisque justement on sera un pouvoir de plus. L'intérêt justement, c'est ça, c'est d'être frondeur.

On peut quand même faire beaucoup de mal à la politique. Cela dit, la politique nous le rend bien, même à ceux qui font rien. Mais on peut lui faire beaucoup de mal en appelant à l'abstention. Et en partant d'une idée, par exemple, qui serait inexploitée, parce qu'elle aurait été soit gardée secrète, soit endormie dans un coin, et qui pourrait rassembler tout le monde. Parce qu'en fait le problème c'est qu'aujourd'hui le public croit encore à certains hommes politiques, mais plus à aucun parti.

Voilà pourquoi le pouvoir est à prendre. Une fois, c'est la gauche qui gagne les élections, une fois c'est la droite, mais c'est jamais la France. Alors on en a marre, on n'en veut plus. Ça nous sort par les yeux. Alors justement, si des fois il y en avait un qui se levait au milieu, et qui s'appelait Yves Mourousi, on pourrait le pousser loin. *(Rires.)* Eh oui, parce que c'est vrai, qu'il faudrait le pousser de loin, Mourousi, il va pas être président de la République l'année prochaine, mais en 2002... Ah ! y a pas, c'est du boulot d'amener un mec à la présidence ! C'est pas demain qu'on peut faire ça !

Cela dit, mon exemple à moi... je dis que j'essaierai toujours de les emmerder, c'est vrai, mais y a rien qui prouve que j'y arriverai, vous avez raison. Mais l'exemple peut servir à un autre.

Si vous voulez, le truc... je crois, ce qui fait la fragilité des médias, c'est les situations. Moi j'ai fait mon histoire parce qu'on est dans une période électorale, où manifestement les journaux ne veulent parler que de ça pour sensibiliser l'opinion, et où les cadors retiennent leur souffle jusqu'au dernier moment pour dire leurs noms sur les listes. En même temps, on parle d'eux, mais eux ne parlent pas. Pour exploiter la politique en ce moment, on peut tout prendre. C'est comme ça que je me suis présenté aux élections en 1981, et c'est comme ça que j'ai fait les Restaurants du Cœur. C'est une situation qui est favorable, et qu'on a choisie à un moment précis.

Question : Monsieur Colucci, pensez-vous que ce soit une bonne chose que les artistes s'engagent politiquement ?

Coluche : Les artistes, ou les Nègres, hein ? Je ne suis pas raciste. Alors ça, les racistes, les pédés, les

Nègres, les Blancs, les vieux, les jeunes, les femmes, tous ceux qui veulent peuvent s'engager. Y a aucun problème. Pourquoi, les artistes, on est différents ? Je sais pas quoi vous dire. Pourquoi pas ?

Question : Monsieur Colucci, j'ai eu l'occasion de rencontrer des comédiens, des metteurs en scène, des compositeurs de musique comme Francis Lai, et des metteurs en scène comme Robert Hossein et d'autres, et leurs motivations étaient très différentes. C'est pourquoi je me permets de vous demander : qu'est-ce qui vous motive en fait vous-même ? Est-ce que c'est l'argent, la notoriété, ou tout simplement le plaisir, sous toutes ses formes ?

Coluche : Bonne question, comme disait le politique, je vous remercie de me l'avoir posée... Qu'est-ce qui me motive ? Je ne sais pas. C'est l'occasion, je crois. J'avais pas d'intention au départ. J'ai fait comédien, parce que je voulais plus être ouvrier. Alors j'ai commencé à chanter avec une guitare dans les restaurants, et puis j'ai rencontré des mecs qui ont fait un café-théâtre, le café-théâtre a marché, et je suis un miraculé du spectacle, au sens où j'ai jamais connu de salles vides...

J'étais dans une première affaire, qui s'appelait le Café de la Gare, qui a tout de suite marché, puis après ça, j'ai joué tout seul, ça a tout de suite marché. Donc j'avais pas une intention au départ. Je me suis pas dit : j'ai une culture donnée, à quoi est-ce que je vais utiliser ce talent. Non. J'ai découvert un talent au fur et à mesure que j'apprenais un métier, et je me suis retrouvé dans une situation...

Je me suis présenté en 1981 aux élections, pour

ne *pas* être élu, parce qu'il faut quand même pas me soupçonner d'avoir voulu être élu, ça me fâcherait, ça me vexerait disons... je me dis que... le public étant totalement désintéressé de la politique, comme moi j'aime la politique, je trouve un moyen d'intéresser le public à la politique. Voilà.

Alors vous posez la question comme si j'avais pu calculer l'affaire, en fait... je vais vous répondre, pour l'argent, que quand j'ai gagné une certaine somme que je veux pas dépasser à cause des impôts, je m'arrête, en général dans l'année... la gloire m'intéresse parce que c'est ma vocation, et enfin, les comédiens veulent être le plus connu du plus grand nombre... En dehors de ça, je dirais que ce qui m'anime le plus, c'est l'efficacité du résultat. C'est vraiment ça qui me fait le plus marrer, qui me fait le plus plaisir. J'y passe beaucoup d'heures, aux Restaurants du Cœur, mais c'est d'une efficacité ! Qui a de quoi réjouir !

Question : Vous avez démontré — en fait, on le sait — que les médias aujourd'hui, journaux, télévisions en particulier, radios, ont un impact considérable. Le problème que je me pose de temps en temps, c'est les gens qui en sont responsables, c'est-à-dire pas spécialement artistes, les journalistes en particulier, sont-ils parfois assez formés pour savoir ce qu'ils disent, et ne risquent-ils pas d'avoir dans les mains un instrument beaucoup trop puissant, qui risque d'orienter le public vers des voies... peu importe, qui sont fausses, mauvaises, vers d'autres...

Coluche : Oui, à qui on va donner finalement le pouvoir suprême au-dessus de tout ça, de juger si les actions sont bien ou pas bien ? Il y a beaucoup de raisons pour qu'un pouvoir décide que mon truc est pas acceptable, parce que d'abord c'est une loi, j'ai pas à avoir fait une loi, il faut être député pour déposer une loi, donc je l'ai fait déposer par des députés, ça sera légal, mais si vous voulez, sur le principe philosophique, il y a quelque chose de gênant pour les purs et durs. Et ceux-là, ils sont à droite, hein, ils sont pas à gauche. Les fermes et définitifs, je vais te dire...

Bon, alors, ça, c'est une raison. D'autre part, à cause de ma personnalité, y a beaucoup de gens, je pense par exemple au *Figaro*, à des gens qui sont très importants, qui représentent à la fois *France-Soir* et *Le Figaro*, c'est-à-dire le groupe Hersant, qui représentent un grand nombre de lecteurs en France, et un grand nombre de lecteurs *spécialisés* je dirais, parce que *France-Soir* est très populaire, et *Le Figaro* est très bourge (bourgeois, pardon...), ce qui veut dire que finalement il a voulu, en ne suivant pas mon opération, montrer sa force, et il a démontré sa faiblesse. Parce que ce pouvoir des médias, il n'a d'intérêt que s'il y a quelqu'un. Je vais vous dire : moi, j'ai augmenté dans ma tranche de 144 p. 100 l'audience. Celui qui vient juste derrière moi, il a augmenté de 60 p. 100, et celui qui est le plus loin de moi, c'est-à-dire le matin à cinq heures, il a encore augmenté de 16 p. 100.

Ça veut dire que, quand on a une raison d'ouvrir une radio, après on la laisse, pour être sûr de retrouver le mec le lendemain. Quand on a une raison d'ouvrir une radio à une heure précise, c'est qu'à cette heure-là on peut l'écouter. Donc le pouvoir du média, il est pas si important que ça sans les orateurs.

D'ailleurs, c'est vraiment un problème aujourd'hui, les orateurs, le langage des hommes politiques, qui se reprochent les uns et les autres la crise, alors qu'on sait qu'elle est pas française. C'est ça aussi qui fait chier, on s'en fout de tout ça. Qu'ils disent la vérité ! Et puis, dans une période de crise, on a envie de les entendre s'entendre, plutôt que s'engueuler !

Quant aux journalistes qui pourraient détourner la conversation et dire quelque chose, je vais vous dire la différence fondamentale qu'il y a entre notre profession... et je ne suis pas corporatiste, hein, contrairement à ce qu'on pourrait croire, mais en tout cas, il y a un truc qui est certain, c'est que nous, on fait une profession de générosité, alors que les journalistes font une profession qui est très proche de la méchanceté. Ils voudraient souvent sanctionner, avec leurs questions contenant des fois la réponse, ils cherchent un petit peu à être agressifs. Or, si la méchanceté suffisait pour faire fortune, il y a beaucoup de journalistes qui seraient célèbres. Malheureusement, ça n'a jamais suffi à personne, il faut quand même du talent.

Et n'oublions pas que le pouvoir qui a échoué aux journalistes aujourd'hui à travers le fait que les hommes politiques ont perdu les pédales, ce pouvoir, il appartient à 80 p. 100 à des gens qui, il y a encore cinq ans, étaient des lèche-bottes. C'étaient des mecs qui faisaient les pompes des hommes politiques il y a cinq ans. Ou il y a dix ans. Qui ont aujourd'hui hérité de ce nouveau pouvoir à cause de la faiblesse du discours politique.

Donc, c'est souvent des gens qui sont prêts à militer pour leur truc, et qui savent pas exactement

qui dise le contraire. D'ailleurs, y a Le Pen, pour tout vous dire... Sauf que, bon... on a remplacé nos vedettes de la politique. Avant, on avait Marchais, qui nous faisait marrer, et qui risquait pas de gouverner, donc qui était dans le cas à la fois d'être marrant et pas dangereux. Aujourd'hui, on a Le Pen. Qui est aussi dans le cas de pouvoir dire la vérité, puisqu'il gouvernera pas.

La différence que je dirais, pour dire une connerie, c'est que Marchais était de l'almanach Vermot, et que l'autre est de l'almanach Wehrmacht... *(Rires.)* Mais en dehors de ça, je vois pas bien la différence, parce que de toute façon, c'est inutile, quoi, et c'est sans intérêt... Ça nous fait pas courir un risque, en tout cas.

Quand j'ai dû commencer par prospecter les ministères concernés par mon affaire, je suis d'abord allé à l'Agriculture. Après ça, je suis allé à la Solidarité. C'était le minimum qu'ils pouvaient faire que de me recevoir et de me donner du pognon, puisque c'est carrément leur métier.

Donc, si vous voulez, vu que, moi, j'avais voté pour Mitterrand en 1981, quand je me suis pointé à droite pour leur demander de m'aider, ils m'ont dit : dites donc, vous n'allez pas nous la faire avec votre affaire socialiste, vous allez pas nous demander d'aiguiser le couteau pour nous le planter dans le dos. Ils ont été très réticents. Et puis finalement, sur le terrain, ça s'est toujours très bien passé. Dans toutes les municipalités où on avait besoin d'être réélu, c'est-à-dire dans toutes les municipalités, tout le monde était content de voir arriver les Restau-

quelquefois tirer un peu les oreilles, oui, il y a eu le parti communiste et le R.P.R... Alors, le parti communiste, comme j'ai dit, il gouvernera pas, par contre le R.P.R., ça pourrait bien lui arriver. A mon avis, avec les contacts que j'ai encore en ce moment, je crois que le R.P.R. fera passer cette loi en octobre, pour plusieurs raisons : que ça doit pas être moi qui fais une loi, d'abord, surtout pas moi je dirais même, et que ces gens-là n'ont pas de leçons à recevoir d'une personne aussi vulgaire que moi. En règle générale.

Question : Si vous deviez donc vous effacer pour que votre loi passe, le feriez-vous ?

Coluche : Comment... la question se pose pas. De toute façon, dans l'idée du public, ça sera toujours la loi Coluche. Mais effectivement, c'est pas moi qui la déposerai. Elle est déposée au Sénat par Taittinger, à l'Assemblée par le groupe socialiste.

Mais, il y a autre chose. C'est pas un jouet que j'ai fait pour le garder. Les Restaurants du Cœur, au départ, c'est une association à but non lucratif, et maintenant ça va être remplacé dans sa fonction par la Fondation des Restaurants du Cœur, laquelle va avoir une vocation réelle de fondation, c'est-à-dire de fédérer les associations de manière à leur redistribuer les bénéfices de cette affaire. Les Restaurants du Cœur doivent disparaître au profit des associations. Je ne l'ai fait que pour leur donner. Mais dans certaines conditions. A condition qu'ils y fassent des repas à 5 F, et pas à 26 F. Alors ça, évidemment, je vais me battre avec eux pour ça, on va discuter. Mais, en tout cas, je l'ai fait que pour leur donner. Donc, là-dessus, je suis imbattable, c'est le sans faute total. Non, ça c'est vrai.

Je sais pas si ça répond à la question, mais c'est pas nécessaire que je m'écarte, ça n'a rien à voir, et puis de toute façon, dans l'avenir, il se pourrait très bien que dans cinq ans, ou dans trois ans, je sois plus du tout vedette, et que ça soit, je sais pas, moi... Daniel Guichard qui soit la vedette la plus comique en France, ou la plus populaire, ça se pourrait sans pour ça qu'il soit un comique...

Question : Monsieur, vous avez parlé de redistribution, ce qui m'a beaucoup intéressé, est-ce que vous croyez qu'on peut fonder une société sur ce mode de distribution ? Là, je me mets à la place des personnes à qui vous allez porter le paquet, et je vous dirai que je sentirais la dignité drôlement atteinte... Je trouve que c'est très bien, étant donné actuellement la situation de la France. Mais est-ce qu'on peut véritablement instituer ce que vous avez fait très généreusement en principe ? Est-ce que vous ne pourriez pas trouver une autre formule qui... quand même... c'est une forme déguisée de la mendicité...

Coluche : Ah !... qui indique qu'il y a des gens qui ne mangent pas. C'est-à-dire, on le montre, et c'est ça qui est déplaisant ? Je vous répondrai d'abord très simplement que si jamais il y a quelqu'un qui a une meilleure idée que moi, je ferai ce que je peux pour l'aider. Que donc, c'est ouvert, et que si des fois vous en avez une, il ne faut pas vous gêner. Mais vous avez quarante-huit heures...

Que, d'autre part, c'est la forme pour l'instant, et pour ce qui est pratiqué par les associations, je dirais c'est la forme la plus humaine qu'on ait trouvée. Les paquets qu'on distribue, le papier lui-même en plastique est offert par Carrefour, pour tout vous dire en ce moment (ça change parce qu'ils se relaient), et donc celui qui vient chez nous, il a le choix entre un steak, dans une barquette en plastique recouverte de Cellophane avec la date et le poids, comme au Prisunic. Pour une personne, hein, il a droit à cette viande, fraîche, qui est de l'arrière de bœuf (parce qu'on n'achète plus les avants, c'était pas bon, on n'achète plus que des arrières, on a augmenté la qualité), soit une saucisse de volaille, qui est faite dans l'est de la France, qui est très bonne, soit des raviolis, soit des boîtes de poisson à cuisiner. Ça, c'est pour la viande. En légumes, on a le droit soit à des pâtes, soit à des pommes de terre, soit à du riz, soit à des lentilles, soit à des haricots, au choix. Pour le resté, on a droit soit à un fromage, soit à un yaourt, on a toujours un fruit, toujours un morceau de pain, et souvent une boisson. Et très souvent aussi, quelque chose en plus, parce qu'il y a toujours des dons en nature qui nous arrivent, principalement des gâteaux et des chocolats.

On distribue (euh... que je vous dise pas de conneries, parce que j'ai pas le papier) quatre fois par semaine une plaquette de beurre par famille et... non, trois fois par semaine du beurre, et quatre fois par semaine un litre de lait. Par famille. Celui qui vient chez nous, il passe devant un comptoir, il dit ce qu'il veut, il l'emmène, il en prend pour autant de gens qu'il veut, y compris pour sa voisine, personne ne lui demande une vérification quelconque, il emmène tout ça chez lui, et il est obligé de dire à personne qu'on lui a donné, c'est de la nourriture qui a l'air de sortir du Prisunic.

Alors, peut-être on peut trouver plus humain comme distribution, mais franchement j'ai pas trouvé.

Question : Je voudrais vous poser une question, monsieur, au sujet de votre loi, loi Coluche comme vous l'appelez. Je voulais vous demander si les avantages fiscaux que vous prévoyez en faveur de la Fondation qui remplacera l'opération Restaurants du Cœur, est-ce que vous prévoyez d'étendre ces avantages aux différentes associations qui poursuivent déjà, ou qui ont eu l'occasion de poursuivre le même genre de but, on peut citer le Secours populaire, l'Armée du Salut, les mouvements laïques, les mouvements chrétiens, etc. ?

Coluche : Alors, je vais vous expliquer. Effectivement donc, une fondation fédère les associations que vous avez citées, qui ont déjà signé avec moi un premier accord au départ de notre affaire, disant qu'on allait s'entraider. Il s'agit de la Croix-Rouge, du Secours populaire, du Secours catholique (non, le Secours catholique y était pas, parce qu'il ne voulait pas signer avec le Secours populaire, mais en dehors de ça, ils ont pas chacun leurs pauvres...). Il y avait les Compagnons d'Emmaüs, les Petits Frères des Pauvres, enfin il y a je crois onze associations qui ont signé avec nous. On était douze dans la Fonda, au début de mon opération.

Donc, il est évident que la loi dit que ces sommes vont être recueillies sous le nom des Restaurants du Cœur, dans une fondation qui fédérera les associations caritatives, comme on les appelle, pour leur fonction nourricière. C'est-à-dire que moi je veux pas donner d'argent au Secours populaire pour acheter des vêtements, ou un emplacement plus important pour distribuer de la nourriture. Je ne veux donner de l'argent au Secours populaire que pour la nourriture. C'est-à-dire que jusqu'à concurrence de deux milliards de francs, ce qui permettrait de nourrir un million de personnes, parce que la vérité, c'est qu'il faut nourrir un million de personnes par jour en France, c'est ça. Nous, on a fait un score extraordinaire, parce qu'on est à 126 000 par jour. Aujourd'hui, on a eu une opération qui est lancée par le ministère de la Solidarité, qui va se servir de nos structures parce qu'on est les seuls à en avoir d'aussi importantes.

Le Secours populaire me dit par exemple : ma sensibilité consiste à recevoir des gens dans une pièce et à les faire manger tous ensemble parce que c'est fraternel, et tout ça. Mais c'est des gens qui ont commencé leur œuvre il y a quarante ans. A l'époque où il n'y avait que des clochards à nourrir, et il y en avait en tout en France 30 000. C'étaient des gens qui étaient pour la plupart alcooliques, et qui avaient pour la plupart choisi leur condition, il faut bien le dire.

Aujourd'hui, il y a un million de personnes à nourrir. Aucune des associations n'est prête à le faire, surtout pas sous cette sensibilité qui consisterait à agrandir la salle pour en recevoir plus. Parce que non seulement ça, ça coûterait du pognon énorme, mais en plus, pour le coup, ce que disait la dame tout à l'heure se vérifierait : les gens qui vivent encore en famille, qui ont encore un loyer à payer, de l'électricité, du gaz, et qui n'ont plus de travail, n'emmèneraient pas leurs enfants manger avec des clochards. Tandis que venir chercher des paniers, ils le font.

Donc, je veux que les associations qui vont se fédérer avec moi prennent en considération cette avance qu'on a sur eux, aussi bien pour la qualité que pour le prix et la quantité.

Question : Monsieur, des lois importantes de la République française sont sorties de cette maison. Nous avons l'habitude d'être récupérés, mais nous continuons à être présents. Est-il trop tôt de vous demander quel est votre prochain combat ?

Coluche : Mon intérêt c'est pas d'en parler maintenant, parce que je dois faire l'essai au moment où ils seront dans leurs élections. Si ça doit sortir d'ici, je ne peux pas vous en parler. C'est une idée sur le chômage qui, si vous voulez, va mettre le doigt dans un autre engrenage.

La question que posait le monsieur d'avant, c'était un peu ça : pourquoi finalement les autres associations n'auraient pas les mêmes droits.

On a mis aujourd'hui le doigt dans un engrenage pour la bouffe, parce que c'est facile à faire comprendre aux gens. Libre aux associations comme le Cancer, n'importe quoi, de trouver le tremplin pour participer. Ils ont effectivement mis le doigt dans l'engrenage, et je pense que c'est un des intérêts de l'affaire.

Le prochain doigt que je leur ferai mettre dans l'engrenage, c'est en fait contre le syndicalisme. Parce qu'en fait, il y a plein de choses qui sont empêchées d'être faites par des lois gouvernementales, et d'autres par des lois syndicales... Krasuk, il est en perte de vitesse de toute façon. Si on le compte à la proportionnelle, il faut qu'il ferme sa gueule.

Question : Monsieur Colucci, deux questions. Une qui rejoint celle qu'on vient d'entendre, mais peut-être d'une autre façon : on parlait tout à l'heure de précarité de votre pouvoir, et on parlait de votre action « chômage » que vous étiez prêt à mener avant 1988, si c'est précaire, pourquoi ne pas mettre ça en action tout de suite ? Ça, c'est la première question.

Coluche : Faire deux choses à la fois, c'est pas bien. Dans notre métier, on a un truc qui est sûr, c'est que les effets s'annulent. Donc quand on en fait un, il faut pas chercher à en faire deux. Il y a une modestie à notre profession qui est intérieure, si vous voulez, si on veut cumuler deux effets qu'on a trouvés, ça marche pas.

Question (suite) : Deuxième question : est-ce que vous pensez que, dans le cas du pouvoir qui nous préoccupe depuis tout à l'heure, certains artistes font de l'abus de ce dit pouvoir ?

Coluche : Oui, probablement. Tout le monde est autorisé à faire ce qu'il veut, de toute façon. Moi j'ai déjà entendu des artistes dire que finalement les artistes étaient très importants, comme si eux en étaient... Mais le public se laisse pas prendre.

Question : Michel, je me permets de t'appeler fraternellement ainsi, je te remercie parce que tu as des propos extrêmement percutants. Mais je voudrais te poser deux questions, en me servant d'un proverbe de Mao, qui dit ceci : « Quand votre voisin de palier se présente à votre porte, pour vous demander un morceau de poisson, vous lui en donnez. Le lendemain, s'il se présente, est-ce qu'il ne serait pas possible de le prendre par la main pour aller lui apprendre à pêcher le poisson ?

Coluche : Je peux répondre déjà à celle-là ? Mao tsê-Tung, il a un gros inconvénient sur moi, c'est qu'il est mort. J'ai du respect pour certaines choses, et quand il a dit ça, c'était sûrement vrai. Mais aujourd'hui, on donne pas du poisson à quelqu'un qui sait pas pêcher, on donne du poisson à quelqu'un qui sait pêcher, mais qui n'a pas de lieu de pêche. Ce qui est tout à fait différent.

Parce que quand j'ai dit qu'il s'agit pas de charité, mais de redistribution, il s'agit d'excédents de production alimentaire européens, qui sont bloqués pour des raisons économiques et capitalistes, puisqu'on est dans un système capitaliste, sur ce plan-là du moins. Ils sont bloqués de manière à ne pas être écoulés à des cours inférieurs au marché, parce qu'il y en a des quantités excédentaires. Donc cet excédent, il appartient à la société, même si vous êtes pas agriculteur, il vous appartient à vous tous. Et c'est normal que ceux à qui la société n'a pas trouvé un travail, le bouffent. C'est un minimum. Il s'agit bien de redistribution, et pas de charité. Mao tsê-Tung, il avait sûrement raison à son époque, mais aujourd'hui, ça n'a rien à voir.

Question (suite) : La dernière question : je voulais dire, en tant qu'originaire d'un pays dit en voie de développement, crois-tu qu'en donnant à manger aux chômeurs, ça va les inciter vraiment à travailler ?

Coluche : Ça c'est une bonne question aussi. Le parti socialiste par exemple a dans son projet le minimum social. Alors je peux te dire que le minimum social, c'est-à-dire donner un minimum d'argent à tous ceux qui travaillent pas, c'est vraiment ouvrir la porte à l'Italie. Moi, je suis ravi, mais je trouve ça d'une connerie politicienne extraordinaire. Les politiciens à mes yeux ont un défaut majeur, c'est que, dans les écoles où ils vont, ils apprennent tout, mais ils savent rien d'autre. Et c'est très grave. Parce que le minimum social, les mecs vont évidemment continuer à travailler un peu au noir, la femme va divorcer et continuer à toucher ses allocations sur les enfants, ils vont se démerder et ils vont avoir ça en plus.

Tandis que le minimum pour la nourriture... Bon, s'il y avait une distribution meilleure, ça se passerait pas comme aujourd'hui : il faut faire une heure la queue dans le froid pour avoir ce repas, qui est de très bonne qualité, je vous l'accorde, mais qui dans l'ensemble justifie pas qu'on aille se geler les pieds une heure si on a de quoi s'acheter un repas. Si on a de quoi s'acheter à bouffer, on va pas faire ça tous les jours.

D'autre part, on ne peut pas fonder une idée... une distribution généreuse, en fait... sur une suspicion de fraude. On ne peut pas dire : il va y avoir des gens qui en abusent, donc je le fais pas. Ce serait une bien plus grande connerie que de le faire. Même si tout le monde en abuse.

Je veux dire qu'il y a des défauts à tous les trucs, je dis pas que c'est parfait, loin de là. Je dis même pas que c'est moi qui ai eu l'idée ! Mais en tout cas, c'est sûr que dans son efficacité, c'est imbattable...

Je sais pas si ça répond bien à la question...

Question : Monsieur, voici une dizaine d'années que nous vous connaissons, ou plutôt que nous vous suivons. Nous avons pu constater l'immense succès que vous avez remporté dans votre métier, au point de vue impact populaire. Sur le chemin de la montagne de la vie, monsieur, vous n'êtes pas encore arrivé en haut, je pense que vous avez encore beaucoup de chemin, et je vous le souhaite, mais tout simplement je voudrais savoir si vous pensez avoir rempli votre vie d'homme, c'est-à-dire vis-à-vis des vôtres, vis-à-vis de votre famille, et même des idées que vous vous faisiez de la vie ?

Coluche : Non, sur ce plan-là, j'ai tout faux. Parce qu'on peut pas jouer sa vie, comme on le fait dans nos métiers, à son travail, et avoir une vie de famille. Ça déjà, moi j'y crois pas. Enfin, j'ai essayé, et je l'ai raté. J'ai divorcé, ma femme en avait marre, c'était invivable.

Par contre, sur le plan de ma vie d'homme, j'ai jamais eu la prétention d'arriver là où je suis, donc là j'ai vraiment de l'avance, pour le coup.

Euh... pour ce qui me reste à faire, je m'engage à faire pour le mieux, mais je peux rien vous promettre, parce qu'on fait un métier où y a pas d'exemple de gens qui aient été connus toute leur vie. Il y a très peu de gens dans notre profession qui meurent célèbres. Si j'avais fait la liste par avance, parce que je me rappelle pas non plus du nombre de vedettes que vous avez dû connaître et qui sont absolument inconnues, vous seriez sidérés.

Question : Monsieur Coluche, je crois qu'on peut dire que le premier média n'est ni la radio ni la presse, c'est la télévision. Vous avez d'ailleurs fait un tabac récemment sur TF1, je crois qu'on peut le dire. Ma question est la suivante : aujourd'hui, il y a une multiplication de chaînes dites privées, qui s'opposent dans leur conception aux chaînes contrôlées par l'État. Est-ce que d'abord c'est une chose qui vous paraît souhaitable d'une part, et d'autre part, d'après vous, dans votre action, dans votre engagement comme disait l'un de mes confrères, est-ce que ces chaînes privées vous paraissent plus à même de véhiculer votre message ?

Coluche : Écoutez, je suis un peu emmerdé parce que vous me demandez mon avis là où je n'en ai pas. J'ai un avis professionnel sur les chaînes privées parce que ça touche ma profession, mais est-ce que c'est bien, est-ce que c'est mal, franchement, j'ai pas d'avis. Je crois plutôt que c'est une évolution irréversible.

Quand Mitterrand m'a demandé mon avis là-dessus (parce qu'il doit le faire avec plein de gens comme ça dans des déjeuners), qu'est-ce que vous en pensez, vous qui êtes du métier, est-ce qu'il faut faire des télévisions ou pas ? Quand il m'a parlé de ça il y a un an et demi, je lui ai dit oui, moi je pense qu'il faut laisser faire, parce qu'on va quand même pas vivre toute notre vie à la frontière de la Pologne pour ce qui est de la télévision.

On est pratiquement le seul pays d'Europe à avoir trois chaînes, il faut quand même s'aligner. Il faut donner une chance à nos enfants de voir des télévisions européennes, de voir autre chose que Joseph Poli le soir. Oui, je crois qu'il faut laisser se développer, mais c'est pas dans le sens du bien et du mal, c'est dans le sens de la profession.

Est-ce que c'est plus apte à véhiculer le truc ? Peut-être... oui. De toute manière, en politique comme en médias, avec la multiplication des médias, il faudra de plus en plus compter sur les hommes. C'est-à-dire que, quel que soit le média dans l'avenir, quelles que soient la Cinq, la Quatre, la Six ou la Deux, quand on se réunira pour faire un événement médiatique, on le fera. Je crois davantage aux hommes qu'aux moyens.

Question : Monsieur Coluche, vous avez avec talent dénoncé l'incohérence du monde fou dans lequel on vit, et vous le faites depuis longtemps, depuis le Café de la Gare, on s'en amusait follement... Maintenant, ça devient plus sérieux, parce que vous avez quand même un public un peu plus large, bravo...

Parfois on est affolé par la télé. Il y a pas encore longtemps, on a vu des tonnes de pommes de terre en Bretagne, des tracteurs qui passaient dessus, de temps en temps dans le Midi on fout les pommes aussi en l'air... Finalement, la France est un pays très riche, où on détruit la nourriture. Quel gâchis ! Et encore nous, on est un peu rodés. Mais faut se mettre à la place des pays du Tiers Monde, quand ils voient ce travail, en se disant les Français, les Européens sont devenus fous...

Alors la question que je voulais vous poser est la suivante : quelle est la réaction des grands groupes alimentaires ? Est-ce que vous les avez contactés, je pense à des groupes comme Nestlé, à tous ces groupes qui détruisent pratiquement la surabondance...

Également est-ce que vous avez des contacts avec la F.N.S.E.A., la Fédération Nationale des Syndicats d'Exploitants Agricoles, parce que ceux-là commencent aussi à pousser un peu j'ai l'impression, et sont à l'origine des destructions, en Bretagne, en Normandie, ça joue aussi dans le Midi...

Compte tenu de l'impact que vous avez, du travail que vous faites, est-ce que vous avez pris contact avec eux, quelle est la nature de ces contacts, et est-ce qu'on pourra peut-être arrêter un peu le gâchis ?

Coluche : Alors, il faut que je vous dise, pour ce qui est du spectaculaire vu à la télévision, les tonnes de pommes de terre déversées sur la route, c'est rien. Ça n'existe pas. C'est des quantités négligeables, et c'est simplement spectaculaire. Si on récupérait les pommes de terre au lieu de les jeter sur la route, on n'en aurait pas assez. Donc, c'est pas un problème.

Par contre en Europe, il y a 5 500 000 tonnes de pommes de terre en excédent cette année, et les Restaurants du Cœur de France, aujourd'hui, en achètent 50 tonnes par semaine.

Ça veut dire que, l'Europe, s'ils donnaient tout, il leur en resterait encore énormément. Alors, c'est là qu'il faut viser. Plutôt que d'aller demander à la F.N.S.E.A. s'ils peuvent nous réunir des agriculteurs qui en ont trop...

Parce que les agriculteurs qui en ont trop ne peuvent pas nous les donner. La F.N.S.E.A., c'est des gens charmants, avec qui on a de très bons rapports, mais elle ne sert à rien, parce que le producteur qui a un excédent le vend à l'État pour un prix cassé déjà, qui le dédommage du fait que sa production n'entre pas sur le marché au prix fort. Donc, l'État paie cette première somme.

Puis la Communauté européenne doit stocker un certain nombre de mois, trois mois pour la viande, vingt-quatre mois pour le beurre, les œufs et le lait, des produits qui lui coûtent énormément en stockage. C'est le stockage le plus cher.

Pour vous donner un exemple, nous on a acheté nos dernières 50 tonnes de la semaine (on les achète par 50 tonnes, parce qu'on a peu d'entrepôts qui nous sont prêtés), dans le Var, puisque c'est là qu'elles étaient stockées. Il y en avait 250 000 tonnes qui ont gelé. Et les 50 tonnes qu'on a achetées, on les a encore.

C'est sur des quantités énormes que ça se joue. Il y a autre chose. Là où on tape, c'est-à-dire dans les excédents de la Communauté, au-delà des délais de conservation obligatoires, c'est normalement revendu *hors* de la Communauté. Ça n'a pas le droit d'être vendu dedans. Ce qui veut dire que c'est revendu en priorité je crois à l'Algérie, après ça à l'U.R.S.S., et après ça à l'Afrique.

Or, quand on vend de la nourriture à des gouvernements, ils s'en servent pour nourrir l'armée. Alors moi, je suis pas plus antimilitariste qu'un autre, mais pas moins, et j'ai rien contre l'Afrique. Mais enfin... nourrir les militaires, je m'en fous, il faut bien le dire, surtout si on n'a pas mangé avant, parce que quand même ça nous appartient...

Alors effectivement, il y a un rapport intéressant à faire entre le fait qu'on sensibilise le public sur le gâchis, mais ça ne représente pas des quantités intéressantes.

Pourtant, il faut quand même savoir qu'aujourd'hui, grâce à la F.N.S.E.A., on a le blé... on a grâce à l'État le blé à un prix préférentiel, et que pour toutes les quantités données aux minoteries de France, ils nous le transforment en farine gratuitement. On a aussi pas mal de boulangers industriels qui nous rendent du pain à la place de la farine, pour le même poids aussi. Ce qui est un beau truc.

Le deuxième volet de la question, c'est ce qu'on pourrait demander à Nestlé. Il y a beaucoup de gens qui sont intéressés à avoir le label Restaurants du Cœur. Par exemple, un grossiste de la chaussure française, qui donc m'intéressait pas du tout (je bouffe pas de grolles !), a trouvé cette combine de mettre dans chaque paire de chaussures « en achetant les chaussures Machin, vous venez de donner un repas, ou de participer à un repas pour les Restaurants du Cœur », et donc il a pu nous débloquer de l'argent de son budget de publicité.

C'est-à-dire qu'on pourrait envisager dans l'avenir d'avoir des tas de gens qui nous servent tout au long de la chaîne bénévolement, qui auraient le droit d'utiliser le logo « Restaurants du Cœur ».

Par exemple, on a mis les grosses banques sur le coup, parce que évidemment la publicité qu'on leur fait, elle vaut de l'argent. Le Crédit Agricole pourrait bien avoir l'affaire. Pour ça, ils nous ont fait des avantages qu'ils ne donnent jamais, le crédit « a remere » par exemple, c'est-à-dire l'intérêt maximum sur toutes les sommes qui vous restent, sans avoir à les bloquer trois mois ou six mois.

Ça, déjà, c'est très important, parce que ça nous a tout de suite permis d'augmenter notre chiffre à trois mois. On a demandé aux entreprises de les payer à trois mois, et on a eu tant de repas en plus à distribuer pendant les trois mois.

D'autre part, ils nous ont donné en cadeau, pour les avoir choisis, un million de francs, et ils ont fait travailler des entreprises privées à ouvrir notre courrier vingt-quatre heures sur vingt-quatre, en faisant les 3 × 8. Ils ont été vraiment très sympas, ils ont fait leur métier au-delà de ce qu'ils font pour leurs clients riches.

Parce que c'est un truc qui les intéresse, d'être liés en tant que sponsors à une affaire qui a ce retentissement national. Ça nous permet aussi d'envisager de tenir dans l'avenir avec d'autres choses que des dons. Il y a un bénévolat qui est intéressé par une espèce de sponsoring. Il y a des routiers qui voudraient bien avoir le droit de mettre sur leurs camions « Restaurants du Cœur ». Il y aura aussi de plus en plus de restaurateurs qui feront le hachis Parmentier une fois par semaine, c'est-à-dire que ça nous coûtera pas un rond, à trois heures de l'après-midi, à l'heure où de toute façon ils ont pas de clients, et dans leur ville ou dans leur quartier, ils seront le Restaurant du Cœur. Ça les intéresse.

Question : Monsieur Colucci, je voudrais connaître votre sentiment sur le texte d'une affiche politique que j'ai découverte il y a quelques jours sur les murs de ma commune. Voici le texte, il est très court, je pense que vous devez le connaître, mais enfin je le relis pour tout le monde : « Coluche et des milliers de braves gens ont collecté 20 millions de francs pour ceux qui ont faim. Le même jour, les hommes politiques qui se faisaient de la pub autour de lui — (donc on parle bien des médias, là), passaient commande de 1 200 chars à 20 millions de francs chaque. Devinette : où sont les enfoirés ? » Fin de citation de l'affiche. C'est signé L.O., je pense que ça veut dire « Lutte ouvrière ». Alors je voudrais connaître votre sentiment sur cette question.

Deuxième question, c'est une parenthèse : puisque vous êtes un pote à Goldmann, j'aimerais que vous puissiez nous dire ce qu'il a bien pu faire à certains médias pour qu'on le traîne autant dans la boue, alors qu'à mon avis c'est quand même quelqu'un qui a une certaine valeur.

Coluche : Je crois que, pour ce qui est de Goldmann, il s'adresse aux adolescents, qui se foutent absolument des médias, des forces et des pas forces, et que donc il a donné aucune interview. Et comme il a rempli le Zénith pour un mois, c'est-à-dire une chose qui avait à l'époque jamais été faite, sans coller aucune affiche, sans aucune publicité, sans donner aucun article, il y a pas mal de gens qui se sont sentis vexés, dans des professions annexes à la nôtre, parce qu'on trouve encore des journalistes professionnels qui aiment le succès, mais pas à ce point-là !

Je crois que vraiment... c'est de la bêtise... ces gens-là ont fait une connerie. Parce que ça n'a pas empêché Goldmann de remplir... Balavoine, quand il est mort, il a vendu 80 000 disques le même jour, et Goldmann, qui est vivant, 100 000 le même jour.

C'est le seul mec qui a fait ça... Et personne le sait. C'est un très gros vendeur. Il fait beaucoup d'effet aux jeunes, et si ce mec-là disait aujourd'hui qu'il faut se désintéresser de la politique, j'aime autant vous dire que dans quinze ans pour leur enlever ça de l'idée aux gosses, eh bien... ça sera dur.

Pour ce qui de l'exploitation qu'on peut faire des Restaurants du Cœur, il y a pas que Farce Ouvrière qui a essayé, y a tout le monde.

En tout cas, nous on n'exploite pas les pauvres, on leur donne à bouffer. Ça, c'est clair. Et j'ai pas l'intention d'entrer dans les ordres, ni de m'acheter une soutane, ni de passer le reste de ma vie à faire des œuvres comme ça, je fais ça parce que j'ai la possibilité de le faire, et que franchement, dans ma vie d'homme, comme disait le frère tout à l'heure, ça m'aurait fait chier d'avoir la possibilité de disposer d'un pouvoir pour faire quelque chose de sympa, et ne pas le faire.

En dehors de ça, des exploitations, il y en a eu. J'ai vu des affiches socialistes dans le Nord, où il y avait un ruban tricolore en forme de cœur, et c'était écrit « les socialistes solidaires du cœur ». J'ai vu aussi « T'as voulu voir Vesoul, t'as vu Paris » du R.P.R., où il y avait écrit « T'as voulu voir le pouvoir d'achat, et t'as eu les Restaurants du Cœur ». Tout le monde l'a exploité.

Mais il faut dire aussi que ça faisait partie de notre idée, comme le disait le frère tout à l'heure, on est récupérés un peu de partout. On l'a cherché, parce qu'on avait besoin d'une récupération. Il fallait que tout le monde s'en serve, pour que le poids de cette affaire d'aujourd'hui reste un peu au mois d'octobre de l'année prochaine. Il fallait absolument qu'on soit récupérés, mais par tout le monde, c'était ça le problème. Et effectivement, on l'a été.

Et à partir du mois d'octobre, si la loi passe, on le fera tous les jours de l'année, toute l'année.

Question : Monsieur Colucci, ma première question va rejoindre les aides qu'on apporte aux pays en voie de développement, et leur utilisation dans ces pays. Est-ce que vous pensez que l'exemple des Restaurants du Cœur, dans leur conception, dépassera les frontières européennes ? Si votre réponse est oui, sur quel plan pensez-vous que le monde entier devra vous situer ?

Ma deuxième question : jusqu'où les Restaurants du Cœur iront dans les pays de la Communauté européenne, en tant que communautés fortement industrialisées ? Merci.

Coluche : Pour ce qui est du développement des Restos du Cœur dans la Communauté européenne, je vous ai dit il y en a 39 en Belgique. C'est très important, parce qu'il se trouve que par la coïncidence des langues, ça s'appelle aussi Restaurants du Cœur. C'est important parce que j'ai déjà fait, je crois, 22 télévisions étrangères sur le sujet, et ce matin j'ai été reçu par la presse étrangère à Paris, j'ai fait une petite conférence de presse pour eux, et ça les intéresse vachement. Mais ça ne pourra pas sortir de la Communauté européenne sous cette forme, parce qu'on ne place dedans que les excédents de production européens. Mon argument, c'est pourquoi les revendre alors qu'on en a tellement, et qu'on en consommerait si peu nous-mêmes. C'est ça l'argument.

Maintenant, pour ce qui est des pays en voie de développement, et principalement, je dirais des pays en voie de pas développement, les pays les plus misérables du monde, j'ai fait commencer un travail, mais j'aurai vachement besoin d'aide là-dessus, parce que j'ai pas trouvé les bons éléments.

Il existe à l'armée ce qu'on appelle un « biscuit de guerre ». C'est-à-dire un truc immangeable, qui contient tout ce qu'il faut pour survivre. Sauf qu'il faut être à côté d'un robinet, parce que c'est un étouffe-chrétien que je vous raconte pas... *(Rires.)*

Moi, je vais faire faire un « biscuit de paix ». C'est un truc qui sera plus plat qu'un MacDo, et qui contiendra du miel, des noix, du sel, de tout ce qui faut... Enfin, je suis en train de le faire étudier, et... je peux pas vous dire, parce que là je m'avance un petit peu, on n'a pas fini vraiment de travailler dessus, mais ça va coûter 1,20 F au maximum, par pièce. Et ce sera un biscuit qui contient tout ce qu'il faut pour vivre.

Mais il va falloir vraiment m'aider, parce que là je suis planté là-dessus. J'ai l'idée, je le vois le truc, je sais bien comment il faut que ça soit, mais j'ai pas encore trouvé vraiment les spécialistes qui m'ont confirmé que ce truc-là n'allait pas vieillir d'abord, qu'il serait consommable toute sa vie, et que d'autre part, il n'y aurait pas de déperdition de ses qualités.

Pour l'instant, on est sur un produit qui est limité dans le temps. Mais enfin, de toute façon, avec le nombre de bouches qu'il y a à nourrir, je vois pas pourquoi on les entreposerait, hein... Enfin, c'est vrai qu'il y a d'autres idées à trouver là-dessus.

C'est certain, que par rapport à la misère du monde en général, puisqu'il y a même des peuplades en Afrique qu'il est impossible de nourrir du jour au lendemain (il faut d'abord les soigner, avant qu'on soit capable de les nourrir, puisque leur corps est tellement peu habitué, qu'il accepterait pas la nourriture — ça, c'est vraiment un autre travail qui est davantage à confier à la médecine), mais... c'est sûr qu'il y a des tas de misères dans le monde...

Moi, encore une fois, j'ai fait ce bel effet-là parce qu'il s'agit de nourriture, que c'est une tradition française, et qu'il faut savoir que c'est les pauvres les plus généreux, et que c'est eux qui bouffent le plus aussi. Les riches achètent moins en poids de nourriture, individuellement, que les pauvres. Les gens les plus pauvres, dans une société, ont tendance à dépenser beaucoup dans un domaine où ils peuvent, c'est-à-dire ils se rattrapent sur la nourriture. Donc ça touche vraiment les gens à un truc précis.

Question : Monsieur Coluche, je vais me permettre de vous poser deux questions. En 1981, vous l'avez fait remarquer tout à l'heure, et on se plaît aussi à le constater, vous avez fait un vrai tabac médiatique en posant votre candidature entre guillemets « bidon ». Pourquoi n'avoir pas, à ce moment-là, monté votre opération Restaurants du Cœur ? Cela voudrait-il dire qu'en 1986, il y a plus de pauvres qu'en 1981, et que cet appauvrissement, comme dit Jacques Chirac, comme il l'a dit hier au soir, serait dû au pouvoir socialiste ? Première question.

Seconde question, qui me sert de transition justement avec l'heure de vérité à laquelle est passé Jacques Chirac hier au soir : à une question qui lui a été posée, consécutive à l'émission de TF 1, et à son absence à cette émission, M. Chirac a répondu qu'en tous les cas il n'avait pas voulu cautionner une opération qui, à son avis, servait à réactiver les soupes populaires (et son propos était tout à fait péjoratif)... et je voulais connaître, sur ce deuxième propos, votre sentiment, monsieur Coluche.

Coluche : Il n'y a qu'une seule réponse à vos deux questions. Effectivement, dans son discours, parce qu'il est en campagne électorale, Chirac a intérêt à faire croire que les pauvres qu'on nourrit aujourd'hui ont quatre ans d'âge, alors que vous savez les mecs qui font la queue chez moi et qui ont quatre ans, il y en a pas des masses... Maintenant, s'il fallait redistribuer les pauvres qui existent, c'est certain que les hommes politiques seraient tous en cause, et que c'est leur jeu de se les renvoyer.

Pour ce qui est du cautionnement qu'il n'a pas donné, il a quand même pas évité de le donner non plus parce qu'il aurait très bien pu interdire à Alain Juppé d'y venir. Je me suis rendu à la mairie de Paris pour le voir, je l'ai pas fait spécialement discrètement, ni derrière son dos. C'est vrai que j'ai demandé à le voir et qu'il ne m'a pas reçu, c'est vrai aussi que j'aurais du mal à lui faire croire que je suis R.P.R., je pense pas que j'essaierai d'ailleurs, et je pense que c'est la seule chose qui l'intéresse.

La seule chose que je constaterai, c'est qu'il dit du mal des Restaurants du Cœur finalement parce qu'il les croit socialistes. Il fait une erreur, que le public n'a pas faite, et les hommes politiques font suffisamment d'erreur pour faire attention à ce qu'ils disent. Sur quelque chose qui est populaire il a tort de dire ça.

Les deux seuls à qui il reproche quelque chose, c'est le parti socialiste, et le Secours populaire, qui comme vous ne l'ignorez pas, est communiste.

Moi, j'ai vu Bérégovoy et Monory, puisque j'y étais dans l'émission pour les Restaurants du Cœur, et ils ont dit devant le public français qu'ils étaient tous les deux d'accord pour faire aboutir cette loi. Alors, comme ils seraient l'un et l'autre ministre des Finances, il est bien évident que si ça n'aboutit pas, comme c'est une loi de finances qu'il faut transformer, moi, j'aurai tout le loisir de les traiter de menteurs pour le restant de leurs jours, et que ça, c'est quelque chose que je risque de leur faire payer un peu cher. Donc, peut-être qu'ils feront pas les cons.

Mais c'est vrai que le R.P.R. pur et dur, venant fort au pouvoir, pourrait très bien dire que finalement c'est injuste de ne le faire que pour les Restaurants du Cœur, profitant du fait que c'est plus maintenant mais au mois d'octobre, et que la sensibilisation faite aujourd'hui va s'estomper... Voilà, c'est vrai, il y a des risques, et puis, c'est leur jeu de dire ça. Mais, à mon avis, c'est une connerie... Moi j'aurais été conseiller en communication de Chirac, je lui aurais pas fait dire ça. J'aurais pas fait dire non plus à Fabius qu'il avait fait le sale boulot... ni qu'il aimait les pauvres, parce qu'on le croit pas... *(Rires.)*

Question : Coluche, je sais que vous avez un métier difficile, où il y a peu d'élus. Il y a aussi dans votre métier beaucoup de misère. Avec votre générosité et votre pouvoir — j'en parle parce que je ne suis pas dans le métier — est-ce que vous pensez faire quelque chose pour tous vos collègues qui ont des difficultés à vivre ?

Coluche : Non. Je peux vous répondre nettement non. Pour une raison simple, c'est qu'on a une profession dans laquelle on ne peut pas aider qui que ce soit. C'est pas nous qui jugeons. Il n'y a pas de piston dans notre métier. C'est sûr qu'il y a des filles qui se font baiser par les producteurs, pour réussir, mais elles réussissent qu'à se faire baiser... *(Rires.)* C'est tout ce qu'on leur connaît comme réussite ! Celles qui ont réussi se sont fait baiser aussi, c'est bien la preuve que c'est pas un critère... *(Rires.)*

Donc, vous dites que c'est un métier difficile, c'est difficile pour ceux qui arrivent pas, c'est facile pour ceux qui arrivent. Moi j'ai jamais trouvé que c'était un métier difficile. J'ai entendu dire toute ma vie qu'il fallait tous les soirs conquérir le public. Moi j'ai vu des gens qui avaient payé leur place, qui s'entassaient là, ils étaient conquis d'avance, ils étaient ravis d'être là, j'étais ravi qu'ils soient là, j'ai jamais eu de problème de lutte.

Question (suite) : Je parlais... on vieillit. Il y a des anciens artistes, je parlais de ceux-là, bien sûr, je parle pas de la nouvelle génération...

Coluche : Oui, mais ça c'est un problème de société en général, c'est qu'est-ce qu'on fait de nos vieux, qu'est-ce qu'on fait de nos infirmes, qu'est-ce qu'on fait de nos pauvres ? Et qu'est-ce qu'on fait des pauvres du monde même, parce que de plus en plus les jeunes générations nous poussent au cul... On n'est plus des citoyens français, on est des citoyens du monde, de plus en plus... S'il y avait un peu de poussière à enlever partout, ce serait celle-là. On est de plus en plus des citoyens du monde.

Alors dans l'ensemble, c'est un problème qui se pose à la profession en général, et à toutes les professions.

Je pensais que vous vouliez dire : qu'est-ce qu'on fait des 92 p. 100 de chômeurs dans notre profession ? On ne peut pas les aider. C'est le public qui décide de savoir... Moi j'ai débuté en même temps que cinq autres comiques, dont au moins trois sont totalement inconnus, et pourquoi le public m'a choisi moi... je veux pas faire la gueule, mais franchement j'en sais rien...

Alors vous savez comment c'est notre métier, quand on fait un bide tout le monde sait pourquoi, quand on fait un succès personne sait pourquoi. Voilà. Quand on fait un bide, tout le monde dit : mais c'est normal, ils ont pris l'autre con, regarde-moi cette affiche, et le nom du film, et le costume de l'acteur, et ça va pas, et tout ça, tout le monde sait pourquoi.

Mais quand on fait un succès, ils disent : c'est extraordinaire, on comprend rien. Ça les arrange, de pas comprendre, aussi.

Non, c'est un métier où on ne peut pas aider les gens et même, je vais vous dire, par rapport à l'honnêteté humaine, je considère pas que c'est une profession où il faut essayer de les aider... enfin, je veux dire de les aider contre leur talent... Si vous reconnaissez du talent à quelqu'un, évidemment vous l'aidez. Bon, ça évidemment, je l'exclus d'autorité. Mais je veux dire que par charité chrétienne, ou par charité professionnelle, de dire il *faut* aider les gens, 92 p. 100 de chômeurs qu'il y a dans ma profession, on peut rien faire pour eux. C'est un mensonge de dire qu'on va le faire. Et puis même, il y a au moins 92 p. 100 de chômeurs, parce que le métier est au gré à gré. Alors c'est pas normal qu'il y ait 92 p. 100 de gens qui n'ont pas du tout de travail, et que les 8 p. 100 qui restent soient milliardaires. Ou enfin... presque tous. Parce que c'est tout le temps les mêmes qui travaillent.

Donc ce serait pratiquement pas juste, parce que c'est pas bien d'encourager quelqu'un à continuer dans une profession où il n'a pas d'avenir. Surtout dans une profession artistique, qui demande à la personne de s'investir au plus profond de soi-même, puisqu'on passe par nos sentiments propres pour jouer la comédie, et donc ça peut mener des gens au suicide. Facilement, parce qu'il y a une confusion avec la personnalité qui réussit pas dans les personnages qu'on pourrait jouer, et tout ça... Si on n'a pas le moral, on peut pas être gai dans notre métier...

Maintenant pour ce qui est de l'impact qu'on a sur le public par rapport aux hommes politiques, il faut bien savoir que, dans l'ensemble, les artistes qui ont du succès font plus de public en nombre que les hommes politiques dans l'année, et que d'autre part, ils sont payants, les nôtres. Non seulement on fait plus de monde qu'eux, mais nous on fait payer.

Il ne faut pas oublier que, pour parler de deux vedettes internationales, le pape a fait 40 000 personnes de moins au Bourget que Bob Marley. *(Rires.)* Et le pape, c'était gratuit. *(Rires.)*

Question : Cher Coluche, si vous le permettez, pourquoi ne pas revenir un petit peu au sujet du débat de ce soir, qui portait sur votre pouvoir. Vous nous avez donné une démonstration magnifique de votre pouvoir, et je crois qu'ici tout le monde ne peut que s'en féliciter, et vous féliciter.

Vous, avec votre générosité, vous faites un tabac, et ce tabac est magnifique, et cela débouche sur les Restaurants du Cœur... Vous nous avez dit aussi que les vedettes étaient périssables. N'avez-vous pas peur qu'un jour une vedette de votre talent, avec une sensibilité Le Pen, fasse un tabac qui porterait sur l'égoïsme et la rancœur ? Est-ce qu'il n'y a pas un danger, et comment justement pouvez-vous, vous, prévenir ce danger-là ?

Coluche : J'ai pas le pouvoir de le prévenir. Effectivement, quelqu'un qui aurait une sensibilité tout à fait opposée pourrait s'en servir à contresens.

Je voudrais le voir, quand même... Par rapport au public, c'est un petit peu vite préjuger de ses réactions. Moi je pense qu'on ne peut pas les abuser. Je pense que c'est vraiment précis le créneau où on peut les avoir. Pour l'instant, ils n'ont pas compris que ça leur donnait accès à un petit peu de pouvoir par rapport à l'État, cette loi. Mais ils ont compris que, quand on les mobilise, avec des gens qu'ils reconnaissent comme étant pas seulement généreux, mais honnêtes en tout cas, ils savent que ça va réussir.

Moi, ce que j'attends, en arrêtant le 21 mars, c'est que le 22, les 126 000 personnes qu'on a nourries le jour avant aillent à la mairie et disent : alors, Coluche y arrive, et vous vous y arrivez pas ! C'est ça que je veux voir une fois. Je veux voir le public prendre conscience du fait que quand il s'unit autour d'une idée, il est fort. Et je pense pas qu'on pourra réunir facilement des gens autour de l'idée qu'il faut pendre des Noirs, ou des Arabes... je crois pas.

Je crois justement que le défaut de Le Pen, par rapport à son talent médiatique... parce que le talent de Le Pen, la capacité énorme qu'a ce type-là de passer à la télévision, s'il n'avait pas fait la connerie de s'enfermer dans le racisme, qui le limite dans son audience future, et qui lui fait une casserole au cul qui se détachera jamais comme on dit, ce mec-là aurait pu aller plus loin. Et si jamais il dépasse 10 p. 100...

Il faut pas oublier qu'aujourd'hui il s'agit d'intentions de vote, qu'il s'agit aussi de vote législatif à la proportionnelle, quand il s'agira des présidentielles, on verra s'il fait 10 p. 100...

Parce que pour l'instant, ce type-là, il s'est quand même mis sur le dos cette énormité qu'est le racisme. Si par réaction aux hommes politiques, on est capable de voter pour Le Pen comme on avait l'intention de voter pour Coluche en 1981, pour la même raison de rejet, c'est-à-dire faire preuve d'une espèce d'abstentionnisme supplémentaire marqué d'un caractère particulier, je crois pas que pour autant 10 p. 100 de Français soient racistes au point de s'inscrire à un parti qui n'est que ça.

Moi, j'ai personnellement été élevé comme un Rital. Comme vous le savez, les Italiens étaient associés à Hitler pour faire la guerre (encore que, évidemment, l'Europe rêvait d'être envahie par l'Italie plutôt que par l'Allemagne), mais en tout cas, après la guerre, ça la foutait très mal d'avoir été Italien pendant, ce qui était le cas de mon père, et donc le racisme s'exerçait... J'ai jamais eu un physique d'Italien, donc je m'en suis sorti...

Mais... il faut pas faire un monde, sous prétexte que *Le Figaro-Magazine* fait sa couverture toutes les semaines avec le racisme, il faut pas croire que ça intéresse le public pour autant.

Je cite *Le Figaro-Magazine* parce que j'ai des affaires personnelles avec eux... et puis c'est vraiment une bande d'enfoirés... *(Rires.)* Je peux le dire... au sens ancien du terme... *(Rires.)* Ces gens-là s'imaginent que le monde va de leur salon jusque... le mercredi à l'imprimerie, quand *Le Figaro* sort, et que c'est le plus important. Je crois qu'ils se gourent, le plus important n'est pas là.

Le plus important, en France, c'est pas le racisme. Vous savez, si on devait partager Paris comme on a fait à Los Angeles, en quartiers d'origines différentes, les seuls qui demanderaient à être à côté des Arabes, c'est probablement les Juifs. Parce qu'ils s'entendent très bien, ces gens-là.

On nous fait chier, avec des histoires de racisme, qui n'existe pas... Il y a des poissons volants aussi dans la mer, mais on n'en voit pas beaucoup... Non, moi j'y crois pas. Je crois pas au retour d'une catastrophe...

Question : Coluche, dans le domaine de l'art, les seuls qui ne laissent rien derrière eux, contrairement aux pianistes qui souvent sont connus même après leur mort, ou les musiciens, ou les littéraires, les seuls qui ne laissent rien derrière eux, sinon quelquefois un nom gravé comme à la Comédie-Française, des noms gravés que tout le monde ignore, les seuls, ce sont les artistes, les comédiens... En ce qui vous concerne, que souhaiteriez-vous laisser, ou qu'on lise de vous après votre mort ?

Coluche : Moi, personnellement, j'ai mis dans une

enveloppe ce que je mettrai sur mon épitaphe en partant : c'est « démerdez-vous ! ». *(Rires prolongés.)* Moi, j'ai fait ce que j'ai pu, je vais faire ce que je peux pour faire marrer, je vais faire ce que je peux pour intéresser les gens, les surprendre, les amuser... Je vais faire mon métier. En fait, on n'en a pas parlé, mais finalement si vous regardez bien, c'est ça.

Si vous regardez bien ma carrière, j'ai commencé par être célèbre au music-hall. J'ai pas été à plaindre au café-théâtre parce qu'on a lancé un genre aussi, j'ai fait partie de la génération qui l'a créé, et non pas de ceux qui ont seulement suivi un mouvement. Ça c'est vachement fort dans le public. Au music-hall j'ai vraiment démodé pas mal de monde...

De toute façon, il faut faire ce qu'on sait faire, et pas ce qu'on voudrait savoir faire. Qu'on cherche à améliorer, c'est normal, mais qu'on essaie de faire... Il y a beaucoup d'exemples d'artistes qui avaient un rêve de jeunesse, qui sont devenus connus avec quelque chose et qui ont fait autre chose.

Par exemple, je connaissais Michel Berger, qui marchait très bien avec ses chansons. Tout d'un coup, il a voulu faire un opéra, et il s'est ramassé. Là-dessus, il m'a dit : « Ben, écoute, j'ai fait une connerie, j'en ferai plus d'opéra, c'était un rêve de jeunesse. »

Mais les rêves, c'est fait pour être rêvés, pas pour être vécus. Alors il faut pas confondre ce qu'on est capable de faire, avec ce qu'on a envie de faire. Il faut pas avoir une prétention au-delà de ses qualités d'une part, et d'autre part il faut savoir adapter ce qu'on sait faire à ce quelque chose qui n'a rien à voir avec nous.

Ça veut dire que quand je me présente aux élections, que je me marie avec Le Luron, ou que je fais les Restaurants du Cœur, je fais un effet médiatique qui part de mon talent, mais qui ne sert pas du tout mon métier.

Aujourd'hui, le seul disque que j'arrive à faire vendre, c'est celui des Restaurants du Cœur. Mais, moi, j'ai un disque de blagues qui vient de sortir, et qui se vend pas. Alors que mes disques se sont toujours vendus comme des petits pains.

Pour l'instant donc, je fais pas vendre mon disque. C'est pas grave, parce qu'on le fera vendre plus tard, on va se démerder, il y a aucun problème. Mais n'empêche que la vérité de la chose, elle est là. On peut pas détourner l'attention du public à son propre intérêt.

J'ai choisi d'utiliser ma personnalité populaire pour faire autre chose que ma profession. C'est une bonne combine à long terme pour moi, parce qu'il est probable que pendant encore des générations et des générations, quand il y aura les présidentielles, on dira : rappelez-vous qu'un jour Coluche avait fait 16 p. 100 d'intentions de vote, à une époque où le R.P.R. faisait 17, et le Parti communiste 15.

Si vous voulez, c'était le premier signal d'alarme dans une démocratie. C'est la première fois que des gens répondaient à une intention de vote pour quelqu'un qui voulait pas être élu. Ce qui est très important comme démarche. C'est pas pareil.

Alors, voilà. Je vais faire ce que je peux. Et puis il se trouve que ça me fait marrer, j'aime bien ça... Le geste auguste du semeur... de merde... *(Rires.)*

Question : Si je comprends bien, monsieur Coluche, vous êtes d'accord tout à fait avec le fait que pour un artiste, ce qui compte autant que son talent, c'est ce qu'on appellerait son image de marque, ou pour employer un mot plus à la mode, son « look ».

Il y a une question que je me pose, c'est qu'il peut devenir prisonnier de cette image de marque. Je prendrai un exemple, celui de Serge Gainsbourg. Moi, j'aime beaucoup Serge Gainsbourg, en tant que compositeur, en tant que mélodiste. Je trouve qu'il est parfait, il a un talent énorme. Mais il veut donner tellement l'image du type bourré, qui s'en fout, et obsédé et tout, qu'en fin de compte on s'aperçoit qu'il force un peu la note. Qu'est-ce que vous pensez de ça ?

Coluche : C'est un bon exemple, Gainsbourg. Comme vous dites, vous l'aimez pour ses qualités artistiques, et ceux qui l'aiment parce qu'il est pas rasé, c'est ceux qui l'aiment pas pour ses qualités artistiques. Donc ça n'a aucun intérêt pour lui.

Comme disait un de mes prédécesseurs de la profession : que vous aimiez individuellement un artiste ou pas, ça ne fait *rien*. Exactement rien. S'il s'agit d'une personne. Gainsbourg, il fait des mélodies pour plaire à ceux qui aiment ses mélodies, et il se rase pas, il est bourré, pour faire parler tous ceux qui le détestent.

Parce qu'il faut pas oublier qu'on est toujours vedette avec un minimum de public. Le président de la République est élu avec 11 millions de voix, alors qu'il y a 55 millions de Français. Moi quand je fais un tabac dans mon métier, je vends un million de disques, alors qu'il y a 18 millions d'électrophones. On est toujours vedette avec un *minimum* de public.

Donc, si en faisant votre travail toujours pour ce même minimum, vous vous adressez au nombre important de gens qui soit vous détestent, soit s'en foutent (ce qui est encore pire), à ce moment-là évidemment vous devenez une vedette beaucoup plus populaire que votre seul talent vous aurait permis de l'être.

C'est un très bon exemple, Gainsbourg. C'est justement ce que je disais avant, mais vous m'avez permis de le dire encore plus clairement. Le talent consiste à ne pas s'intéresser seulement à ses auditeurs. Il faut s'adresser à l'ensemble de la population, en utilisant ce qu'on sait faire. Moi, je peux vous garantir que j'ai vu Gainsbourg arriver pas bourré, et être bourré instantanément en entrant sur le plateau, il sait le faire. C'est son métier.

Et puis peut-être que les Restaurants du Cœur, si vous voulez une morale à tout, c'est peut-être le prix que Coluche est obligé de payer pour rester vulgaire...

Question : Vous évoquiez tout à l'heure la possibilité dans peut-être deux ans de récidiver si j'ose dire, mais non pas au sens péjoratif. Ne craignez-vous pas que le pouvoir dont nous parlons soit peut-être encore plus illusoire qu'on ne pourrait le craindre, dans la mesure où vous ne pouvez pas le réutiliser, et où je pense qu'il doit avoir une sorte de faculté d'usure immense ? Si demain Coluche (demain ou dans deux ans) réamorce une nouvelle campagne, ne pensez-vous pas que le public ne le suive pas aussi facilement qu'il l'a suivi pour les Restaurants du Cœur, en disant : il recommence, il nous fait le coup des Restaurants du Cœur... et qu'il y ait finalement un phénomène d'usure à la limite, qui se produise assez rapidement ?

Coluche : C'est bien pour ça que notre profession

nous permet de nous étaler parce qu'on est plusieurs. Par exemple, les seuls contacts que j'ai eus avec le R.P.R. dans cette affaire de Restaurants du Cœur, c'est par Daniel Guichard et Alice Donna, qui eux sont copain et copine, avec des gens du R.P.R., et si demain ça devait être un autre leader que moi pour les Restaurants du Cœur ou pour une autre idée, je serais tout à fait ravi. Moi, j'aiderai tous les gens qui ont une idée, qu'ils soient de mon métier ou pas, à faire quelque chose.

C'est vrai que peut-être le public va dire ça. Moi, je pense le contraire. Pour l'instant, c'est nouveau pour eux, ce pouvoir dont je me sers leur est offert, ça va leur donner la possibilité... c'est pas une loi qui les oblige, c'est une loi incitative et pas obligatoire, qui leur donne la possibilité, au lieu de donner 1 500 F à l'armée française... Parce qu'il faut savoir que le budget de l'armée, de l'industrie militaire, est beaucoup plus important que celui de l'industrie civile, et que tant qu'on inversera pas un petit peu les chiffres, on pourra pas sortir d'une situation...

Donc si le public arrive à comprendre qu'on lui a donné un billet pour avoir un peu de pouvoir sur son impôt directement, peut-être que la prochaine fois, il se dira : il faut suivre, parce que la dernière fois il a eu une bonne idée. Bon, peut-être au contraire... enfin... moi je me dis ça. Maintenant, effectivement, ils vont peut-être se lasser...

En tout cas, pour qu'ils se lassent réellement, il faudrait qu'un nouveau pouvoir arrivant aux affaires de la France, dise : ça n'est pas raisonnable de laisser voter une loi qui a été faite par un saltimbanque. Alors, à ce moment-là, le public dirait : eh bien finalement, on a fait tout ça pour rien, et Coluche a fait ça pour rien, donc la prochaine fois, quand je lancerai une idée, il dirait : on va pas refaire un truc pour rien.

Tandis que si on aboutit vraiment à une loi qui est votée, ça ils l'oublieront pas, les gens. Il l'oublieront pas. Donc la prochaine fois que je sortirai une idée, ils diront : il faut suivre.

C'est pour ça que si j'avais quelque chose à venir vous demander, ça serait ça. Si vous pouvez aider à ce que cette loi ait lieu, faites-le. Parce que même si vous avez des soupçons pour le fait que ça favorise plus cette fondation qu'une autre, dites-vous bien qu'on leur fait mettre le doigt dans l'engrenage où ils vont laisser le bras.

Il faut *absolument* décharger l'État de ce qu'il ne sait pas faire, et de ce qu'il fait mal. Parce que ça fera moins de choses à lui reprocher dans l'avenir, et donc ça peut amener un discours un peu plus sympathique vis-à-vis d'eux d'une part, et d'autre part, quand on apprend dans la presse par exemple qu'un type a cambriolé une épicerie pour la caisse, et qu'en même temps il a emmené un jambon, moi, je me dis, sans vouloir faire de misérabilisme, que c'est quand même la base de la sécurité dans un pays que tout le monde ait à bouffer. C'est la base. Parce que quelqu'un qui a pas à manger un jour sur deux, il a mal à l'estomac, il aime pas la société, et on peut pas lui en vouloir. Physiquement, il ressent quelque chose. C'est particulier, quoi. Quand on est jeune, et que c'est une situation qu'on sait qu'elle est de passage, bon... pffftt... On s'en fout, on est jeune, on réagit bien, on est prêt à tout, on est prêt à supporter toutes les douleurs physiques.

Mais quand on a déjà travaillé une partie de sa vie, qu'on a des gosses, et qu'on peut plus les nourrir, et qu'on se sent l'estomac là... merde... ça doit être terrible. En tout cas, moi, je souhaite ça à personne...

Question : Si j'ai bien compris votre propos, dans les Restaurants du Cœur, il y avait deux objectifs. Le premier, il a été pleinement atteint, c'était de nourrir les gens qui n'avaient pas à manger. Le second, j'ai envie d'employer le mot parce que j'ai pas peur du mot, encore moins de la chose, il était un petit peu anarchiste. Vous avez dit décharger l'État de ce qu'il ne sait pas faire, et peut-être à plus long terme faire prendre conscience aux gens que l'État remplit mal, ou même parfois pas du tout, son rôle. Est-ce que vous pensez que ce deuxième objectif sera aussi facilement atteint, est-ce que vous ne pensez pas que finalement on aime toujours bien égratigner l'autorité, mais quand il s'agit de la faire vaciller, c'est plus difficile ? Je sais que vous avez eu 16 p. 100 d'intentions de vote, mais là encore il ne s'agissait que d'intentions...

Coluche : Absolument. C'est pour ça que je vous dis que c'est pas un truc qu'on peut faire tout seul. C'est certain que si tout le reste de la société, en dehors de cette masse que représente le grand public, et qui serait donc le pied de la pyramide sociale, après ça, plus on monte, moins y a de monde, il est bien évident que si toute cette couche qu'il y a au-dessus veut pas que ça se fasse, ça se fait pas. Ça, c'est clair.

Mais encore une fois, on est dans une société qui n'est faite que de groupuscules, de minorités, qui s'entre-dévorent quand elles sont de la même origine, ou quand elles ont la même intention, et qui s'ignorent quand elles n'ont pas le même but ou la même intention.

Si vous voulez, dans cette situation ridicule politiquement en France aujourd'hui, le grand public a compris depuis bien longtemps que les accords qu'on peut prendre à droite sont faux, et que le désaccord apparent qu'il y a à gauche est faux aussi. C'est-à-dire que tout le monde va aux élections individuellement, la gauche en disant qu'elle est désunie, et la droite en disant qu'elle est unie, et c'est faux des deux côtés. Alors c'est quand même assez joli, comme résultat !

Il faut pas oublier non plus, dans la vie que nous vivons, que pour moi... je dis ça, c'est un peu sentencieux, mais quand même... la guerre dans le monde, la misère du monde, les résultats de tout ça, la sécheresse qu'a traversée l'Afrique (elle venait d'Amérique du Sud, on le savait, on connaissait cette sécheresse qui se déplaçait le long de l'Équateur, on avait prévu exactement à quelle date elle allait arriver, et on l'a laissée faire), les huit guerres... les huit conflits qu'il y a encore aujourd'hui dans le monde, malgré qu'on vient d'en arrêter cinq (donc une volonté qui a marqué que quand ils voulaient, ils pouvaient faire ce qu'ils voulaient), tout ça n'est pas le résultat de la connerie des gens qui nous dirigent, mais de leur intelligence.

C'est bien à force de raisonnements intelligents qu'ils ont décidé qu'il était préférable de faire une guerre ou de laisser mourir des gens. Alors, effectivement, si vous voulez parler d'anarchie et de contre-pouvoir, il y a plus à faire qu'à se regarder en face et à se poser des questions. C'est sûr. Moi, je vous dis, je ferai une demande pour rentrer dans votre mouvement quand votre mouvement voudra sortir de l'anonymat, parce que si vous voulez aller aux élections, moi, je veux bien être franc-maçon. Mais dans tous les autres cas... oui, pour parler avec des gens, remarque... c'est sympa *(rires)*.

Conclusion de Henri Avrane, membre et représentant du Grand Conseil de l'Ordre.

Henri Avrane : Nous avons été heureux de vous recevoir en notre hôtel du Grand-Orient de France, et nous prenons note de ce que vous venez de dire. Peut-être aurons-nous un rendez-vous, un de ces jours...

Voyez-vous, un des rares privilèges d'un conseiller de l'Ordre est de prendre la parole en dernier, et en face d'un humoriste de votre qualité, je suis très heureux de l'avoir fait, car ainsi j'ai pu avoir le dernier mot !

Pour un homme de spectacle, monsieur Coluche, ce soir bien entendu, ainsi que le disait précédemment notre président, vous avez dû être un peu frustré, car chez nous, on n'applaudit pas, mais on ne siffle pas non plus, et chacun peut s'exprimer en toute sérénité. Pourtant, voyez-vous, j'ai été un peu déçu de votre prestation de ce soir, un peu déçu, mais ravi, car autour de vous flotte un certain parfum de soufre... J'attendais un homme provocateur, trivial parfois, et nous avons reçu un homme courtois, plein de bon sens, plein d'esprit.

Votre venue chez nous est un événement, monsieur Coluche. Nous avons reçu, en cette période... avant cette période électorale, bien des hommes politiques, des chercheurs, des journalistes, mais vous, ce soir, vous avez fait un tabac. Et je vous en sais gré.

Votre venue ce soir parmi nous témoigne de votre esprit de liberté, car il y a un fait, que vous êtes devenu, à vous tout seul, un contre-pouvoir, qui montre bien l'importance des artistes, pour reprendre le thème de votre conférence ce soir, thème que vous avez évoqué légèrement, mais vous l'avez évoqué tout de même... qui montre bien l'importance des artistes dans notre société actuelle.

Pourtant, votre présence ce soir, monsieur Coluche, peut sembler insolite, et cependant nous savons que vous êtes proche de nous, et votre combat pour les Restaurants du Cœur témoigne de votre esprit de solidarité. Quand on parle solidarité, ainsi que vous le disiez très justement, il ne faut pas confondre avec la charité. Les conservateurs emploient, c'est vrai, le terme de charité. Nous, ici, au Grand-Orient, nous parlons de solidarité. Ceci témoigne de notre éthique humaniste.

La solidarité pour nous, c'est avant tout le dialogue. C'est aller l'un vers l'autre. C'est comprendre l'autre. Et c'est infiniment maçonnique. Le langage du cœur n'est pas obligatoirement académique, et vous, monsieur Coluche, avec assez de bonheur, vous usez d'une dialectique qui vous est bien personnelle. Mais, ce soir, nous avons co-existé, vous et nous, avec plaisir.

Le sujet de votre conférence est symptomatique de notre époque. Il est remarquable de noter que les grandes manifestations, en France et dans le monde, contre la faim, contre l'apartheid, contre le danger nucléaire, pour le Tiers Monde, sont organisées par des artistes du show-business, organisées et remarquablement réussies. Peut-être sont-ils plus crédibles que les professionnels de la charité, ou sont-ils plus crédibles que les hommes politiques.

Nous pensons qu'actuellement, les gens, et surtout les jeunes, se désintéressent du langage politique. Ils s'en désintéressent car celui-ci n'est plus porteur d'espoir. Mais n'y a-t-il pas un risque tout de même que la solidarité, la fraternité, serve de promotion pour les artistes... Mais ce risque, nous l'acceptons, je l'accepte, car je pense que le résultat est primordial.

Monsieur Coluche, non, la franc-maçonnerie du Grand-Orient n'est pas secrète. Elle est simplement discrète. Et en outre, contrairement au banquier suisse, nous signons, et persistons dans notre action en faveur de l'homme.

En cette période cruciale, cruciale pour la France, cruciale pour notre avenir, où le racisme pose problème, et quoi que vous disiez précédemment, où il vous pose également, monsieur Coluche, problème, nous savons que par vos émissions, vous participez également à ce combat.

Voyez-vous, notre éthique, c'est la défense des droits de l'homme, la défense de la dignité de l'homme. En créant les Restaurants du Cœur, et avec quel succès, vous participez à ce grand combat.

Et au nom du Grand-Orient, monsieur Coluche, je vous en remercie.

L'assistance se montait à environ 400 personnes. L'entrée a dû être refusée, pour des raisons de sécurité, à 150-200 personnes de plus.

La participation des présents a permis de recueillir près de 10 000 F, qui ont été aussitôt remis à M. Michel Colucci pour les Restaurants du Cœur.

Table

TROISIÈME PARTIE

QUATRIÈME PARTIE

Composition réalisée par C.M.L., Montrouge.

IMPRIMÉ EN FRANCE PAR BRODARD ET TAUPIN
Usine de La Flèche (Sarthe).
LIBRAIRIE GÉNÉRALE FRANÇAISE - 6, rue Pierre-Sarrazin - 75006 Paris.

ISBN : 2-253-04646-9 30/6486/2